互联网+背景下大学生心理健康教育模式的重塑与构建

路风华 著

吉林科学技术出版社

图书在版编目（CIP）数据

互联网＋背景下大学生心理健康教育模式的重塑与构建 / 路风华著. -- 长春：吉林科学技术出版社，2020.10
　　ISBN 978-7-5578-7881-8

　　Ⅰ．①互… Ⅱ．①路… Ⅲ．①大学生－心理健康－健康教育－教育模式－研究 Ⅳ．① G444

中国版本图书馆 CIP 数据核字（2020）第 217060 号

互联网＋背景下大学生心理健康教育模式的重塑与构建

HULIANWANG ＋ BEIJINGXIA DAXUESHENG XINLI JIANKANG JIAOYU MOSHI DE CHONGSU YU GOUJIAN

著　　者	路风华
出 版 人	宛　霞
责任编辑	朱　萌
封面设计	李　宝
制　　版	张　凤
幅面尺寸	185mm×260mm
开　　本	16
字　　数	240 千字
页　　数	172
印　　张	10.75
版　　次	2020 年 10 月第 1 版
印　　次	2020 年 10 月第 1 次印刷
出　　版	吉林科学技术出版社
发　　行	吉林科学技术出版社
地　　址	长春市福祉大路 5788 号
邮　　编	130118

发行部电话／传真	0431—81629529	81629530	81629531
	81629532	81629533	81629534

储运部电话　0431—86059116
编辑部电话　0431—81629520

印　　刷	北京宝莲鸿图科技有限公司
书　　号	ISBN 978-7-5578-7881-8
定　　价	50.00 元

版权所有　翻印必究　举报电话：0431—81629508

前言

互联网独特的虚拟人际交往方式与以往传统的交往模式有很大的不同。传统面对面的交流模式,可以根据对方的表情、语气、声调等了解到对方的情感态度,甚至谈话内容的真伪。而新型的互联网交往方式很多是在匿名的状态下进行的,交流缺乏直接性。这种交流方式深受大学生喜爱,既可以宣泄内心的情感压力,又可以编造虚拟自我,并在这个过程中获得满足感。互联网给大学生提供了一个情感的释放,缓解压力的场所,但是如果使用不当也会成为引发心理问题的策源地,不少大学生沉迷其中,忽略了现实生活中和家人、朋友之间的情感沟通,变得孤僻,脱离社会,逃避现实,引发严重的心理问题。

在数字化教育已经进入高校的今天,心理健康教育以更新颖、生动的形式展现在大学生面前。高校可以建立自己的心理健康教育网站,通过网站宣传心理知识,迎合大学生的好奇心理,开展特色心理健康教育活动,引发学生的兴趣和共情心理。网站上可以设立在线咨询板块,使大学生获取专业的指导意见。通过网络对大学生的心理健康状况进行调研,开展相关的测评工作,通过心理健康调查,获得第一手资料,发现学生心理问题的类型、特点及发展规律,从而有针对性、有目的地对学生的心理问题进行干预,起到一定的预防作用。以学生心理调查的结果为依据建立学生的心理健康档案,心理测评可以每学年进行一次,及时更新数据,形成对比报告,把握学生的心理发展变化动态。

高校应组织成立大学生自我学习、自我服务的心理健康教育社团。通过专业心理健康教师辅助以必要的策划、咨询、调节,依赖大学生自身开展丰富有益的活动,通过团队活动,减少对网络的依赖,拉近彼此之间的距离,实现互帮互助。

综上所述,网络对大学生心理健康会产生一定的影响,但网络的发展也给传统的心理健康教育方式带来了新的机遇。高校教师只有认真分析,深入了解大学生的特点,善于运用新兴科技力量引导学生正确对待网络,才能对学生心理问题早预防、早发现、早处理,塑造大学生健全的人格,为国家培养栋梁之材。

2020 年 5 月

目录

第一章 大学生心理健康教育的理论研究 1

- 第一节 大学生心理健康教育创新与实践 1
- 第二节 家校合作构建大学生心理健康 4
- 第三节 大学生与心理健康 8
- 第四节 大学生心理健康影响因素分析 11
- 第五节 高校大学生心理健康研究 14

第二章 大学生心理健康教育创新研究 18

- 第一节 大学生心理健康教育的新视角 18
- 第二节 音乐教育与大学生学生心理健康 22
- 第三节 大学生活动中心实施心理健康教育 26
- 第四节 案例法介入大学生心理健康教育 29
- 第五节 大学生心理健康教育政策的经济环境 33
- 第六节 希望感研究下的大学生心理健康教育 38
- 第七节 家庭教育对大学生心理健康的影响 40
- 第八节 基于素质教育的大学生心理健康教育 45

第三章 大学生积极心理学教育 48

- 第一节 积极心理学与大学生心理健康教育 48
- 第二节 基于积极心理学的大学生心理品质培养体系的构建 50
- 第三节 基于积极心理学的大学生心理危机干预策略探究 53
- 第四节 浅谈积极心理学视野下的大学生心理健康教育 57
- 第五节 积极心理学视角下的大学生心理健康教育探索 59

第四章 积极心理学下大学生心理健康教育模式研究 65

- 第一节 "互联网+"背景下大学生心理健康教育创新模式研究 65
- 第二节 积极心理学视阈下大学生心理健康教育创新模式研究 67

第三节 积极心理健康理念下的大学生心理健康教育教学模式的应用研究……71

第四节 积极心理学视角下大学生心理健康教育课程教学设计研究……74

第五节 积极心理学视角下大学生心理健康教育课程优化研究……77

第五章 "互联网+"背景下大学生心理健康教育的理论研究……80

第一节 "互联网+"背景下大学生心理健康教育现状及创新……80

第二节 "互联网+"背景下大学生心理健康教育的"心"路径……85

第二节 "互联网+"背景下大学生心理健康教育课程体系构建……92

第三节 "互联网+"背景下大学生心理健康教育模式建构……95

第四节 "互联网+"背景下大学生网络心理健康教育机制……102

第五节 "互联网+"智能时代大学生心理健康教育路径……106

第六节 "互联网+"背景下大学生心理健康教育课程混合式教学……109

第六章 "互联网+"背景下大学生心理健康教育模式的重塑……114

第一节 互联网金融背景下大学生消费观及心理健康教育……114

第二节 "互联网+"背景下体验式大学生心理健康教育……117

第三节 ""互联网+"翻转课堂"新模式下的《大学生心理健康教育》……120

第四节 互联网对当代大学生心理健康的影响及教育对策……124

第五节 基于""互联网+""大学生网络心理健康教育……128

第六节 "'互联网+'教育"趋势下大学生心理健康教育教师师能……131

第七章 "互联网+"背景下大学生心理健康教育模式构建……136

第一节 互联网背景下大学生心理健康教育实践研究……136

第二节 "互联网+"背景下大学生心理危机预防教育……141

第三节 自媒体时代大学生心理健康教育创新研究……144

第四节 互联网背景下心理健康教育课程新形态立体化教材的建设……149

第五节 "互联网+"背景下高校"边缘生"心理健康教育模式……153

第六节 "互联网+"背景下贫困大学生心理问题分析与教育……157

参考文献……163

第一章 大学生心理健康教育的理论研究

第一节 大学生心理健康教育创新与实践

21世纪是知识经济的时代,全球经济一体化不断加强,为迎合经济的快速发展,培养适合经济发展的建设性人才,教育任重道远。在现阶段而言教育的意义不仅止于知识文化技能的传授,还有健康的生理和心理。在现代化进程中,心理健康是大学生身心健康发展不可或缺的条件和重要环节,本节通过对当下大学生心理健康问题出现的原因、现状等的分析,旨在使大学生的心理能得到良好的发展,在大学生心理健康问题上提出了创新性的思考。

一、我国当代大学生的心理健康问题出现的原因分析

(1)环境改变带来的不适感。国民教育体制下的大学生,大都经历过严酷的初高中学习模式,而大学的教学理念与中学完全不同,突然从曾经近乎严苛的教学模式中来到大学这样一个相对宽松更需要自制力的环境中,很多大学生很难适应。在新的学习环境、新的人际关系、新的教学模式中很多大学新生不适应,从而产生困惑,继而造成心理失调现象。

(2)现实与期待的落差。我们在中小学教育中,过多地粉饰大学校园学习和生活,加上社会环境中过分强调升学的功利主义思想,使部分学生不真实地幻想了大学生活。但是,当他们真正踏入大学校园,而现实中的大学校园与大学生心目中的大学校园并不相同,进而产生了心理落差。当考试和学分以及学术研究降临到自己头上时,会顿时感到无所适从,找不到方向和目标,导致心理焦虑彷徨。

(3)高校日益严重的就业压力。随着国家经济政治的发展,教育也在随着时代而发展,社会竞争日益加剧。同时高校的扩招,毕业生面临着就业难的问题。整个社会就业市场很不景气,各高校学生中"毕业即失业"的言论广为流传。这样的一个就业环境和现状,也使不少大学新生一入学就自觉不自觉地考虑到毕业后的就业问题。他们在这样的一个大环境中因失落、焦虑、抑郁、自卑等原因而失去安全感,产生出许多心理问题和心理疾病。

（4）当代大学生对网络的过分依赖。21世纪网络大发展时代，虽然网络丰富和改善了人们的生活模式，但是网络世界对大学生的影响巨大。当代很多大学生对网络的依赖性强，有些甚至染上网瘾，沉溺于虚拟世界寻找快感，导致部分学生逐渐与现实生活产生隔阂，不愿与人面对面交往。在日常生活和学习中精神恍惚疲惫，目光呆滞，对身旁事漠不关心显得冷淡无法沟通。更有甚者网络引发的心理疾病还可能诱发大学生走向犯罪道路，危害整个社会的安定。

二、大学生心理健康教育的现状

（1）教育不平衡对其心理健康的影响。从实际情况来看，教育不平衡在心理健康教育领域也有表现，部分偏远地区高校、或者办学条件相对较弱的高校对于学生的心理健康教育问题重视程度仍然不够。部分高校将心理健康教育工作的重心仅仅放在向大学生开放的心理咨询与交流上，只是对于已经出现心理健康问题的学生进行帮扶，而并不重视对于大学生心理健康的教育与心理问题的预防。

（2）高校心理健康教育发展成效不高。现目前而言，高校心理健康教育没有新意，收效甚微，因此频频爆出高校心理健康问题而造成学生生病、自残甚至轻生的新闻。而每当新闻爆出，高校被推倒舆论的风口浪尖上，高校才真正开始关注或者下大力气改善心理健康教育。当前，从很多渠道的消息和表现中，我们发现发达国家或地区对大学生的心理健康教育问题是非常重视的，也取得了一些行之有效的经验。与之相比，我国的高校心理健康工作才刚刚起步，经验缺乏，还需要不断地学习摸索。

三、对大学生心理健康教育的几点想法

（1）完善学生心理档案的管理。大一新生入学之后，学校组织专业的人员，开展全面的心理健康调查。建立完备的学生档案系统，对学生所处的初高中环境，家庭环境进行了解，以便及时了解学生心理问题产生的根本原因。这项工作也许量大，需要投入一定的人力物力来支持。

（2）心理素质教育内容贯穿到日常教学之中。时代在变革，而我们的教学也应该随着时代的变化而变化，教育教学改革也该深入高校传统教育的课堂里。我们的高校课程在设置之初，就应该强调学生的心理和思想教育问题，并开设专业课程。教师不仅仅局限在授业，还应该是传道，解决学生们在人生道路上的疑惑。当然这一点对于我们的教师本身也是一个很重要的考验，教师本身是否阳光积极，也可能影响到学生是否阳光积极的生活学习态度。

（3）重视朋辈心理辅导，重视交流和沟通的重要性。朋辈从广义上讲可以是学生

信任的老师、同学、家长等人。狭义而言，在大学里，朋辈心理辅导是经过一系列培训的非专业人员对同龄人关注、倾听和帮助的过程。承担这项工作的人员，我们即可称为朋辈辅导员或称心理委员，在经过比较专业的一些培训和学习之后，旨在让他们在自己的经验和能力范围内，像老师和朋友一样帮助新生更好地处理学习、生活中遇到的困扰。

朋辈辅导员（或称心理委员）通过与学生的接触，可以多关注以下类型的学生，如：生活自理能力较差的学生、自控能力较差或者懒惰的学生、人际交往过程中比较内向不善言辞的学生、拘束缺乏安全感的学生等，对这些学生，根据他们不同的情况帮助他们，做到事无巨细亲力亲为。还有针对以上各类型的学生的情况来组织学校的各项活动，鼓励他们积极参与到各项活动中去，树立信心、创建新的社交关系、展现自我，更快地融入到新的校园生活中来，真正在校园中感受到集体的力量和归属感。应该说，我们的朋辈辅导员是大学心理健康教育中的先锋官，利用好他们和学生关系很近的优势，能更好地发现和解决学生心理问题引发的各种问题。各高校都应在这个部分投入人力物力，确实保障大学生心理问题的基层工作顺利开展。

（4）加强校园文化建设，开展有特色有吸引力的校园活动。校园文化建设，对整个校园建设来说是一个重要的环节。大学生在进入大学校园之后，很有可能会通过网络或者其他方面去排遣自己的迷茫或者孤独，校园活动就要抓住这个环节，积极地深入学生之中，了解多样化的需求，而不要把校园活动仅仅局限在一些单纯的才艺的展示。校园活动要有特色，要与时俱进，要契合学生们现阶段的情感寄托，这就需要我们在开展校园文化活动的过程当中，积极采纳学生的意见，当然也需要学校在这个方面多下功夫，投入一定的人力物力。

（5）社会实践活动要积极鼓励。大学生产生心理问题的主要原因，除了学习和自身的原因外，影响最大的应该就是就业问题。学校要大力为学生创造社会实践的条件，让学生不仅是文化上的强手，还是社会实践的强手。即便他们毕业后，也会因为在校时参加的社会实践活动而受益，这也是我们高校教学改革的一个重要方面。

综上所述，大学生的教育问题关系到我国未来的发展，只有解决好大学生的心理健康问题才能培养出更多的优秀人才，实现我国经济的可持续发展。健康的大学生是未来社会发展对人才的需要，是大学生个人成长阶段的需要，小的方面关系到大学生的就业问题、情感问题，大的来说他又何尝不是一个健康中国的未来呢？

第二节　家校合作构建大学生心理健康

在大学生心理健康问题日益凸显的情况下,家、校任何一方都不能单独解决问题。家校合作才是一条值得期待的解决途径,即家庭给予学校更多的支持、学校带给家庭更多的指导,双方更加有效地交流合作来共建大学生心理健康。本节通过查阅文献从家庭因素的重要性、家校合作的必要性、家校合作的现状及问题以及对于家校合作的建议4个方面切入,逐步深入地探讨了家庭因素对大学生心理健康影响的根本性以及学校心理教育辅导方面与家庭对接存在的问题,并提出了家校合作的相关建议。

移动式筛分站是集受料、筛分、传送等工艺为一体的设备,以某型号移动式筛分站为例,主要部件有给料系统、多条作用不同的输送机、筛分主机、动力系统、履带底盘、主机架等。破碎后的砂石骨料或建筑垃圾等物料经给料箱落到给料输送机上,经过主输送机将物料不断向前输送,直至进入筛分主机,筛分主机将物料按照不同的粒径进行分类筛选,不同粒径的物料经不同的输送机输送至堆场。

一、家庭因素的重要性

大学生心理健康状况涉及家庭、社会、教育以及学生自身等多重影响因素,而家庭是学生生活成长的首要环境,所以家庭因素对大学生心理状况的影响尤为重要。家庭因素基本可以概括为家庭经济情况、家庭结构、家庭氛围、家庭教育4个方面,这些因素对大学生产生的负面影响会积压在他们心中,成为日后学习或是毕业后引发心理问题的隐患。调查发现,许多心理健康问题都发生在大学生较早的年龄,比如社交恐惧症发病年龄中位数在7~14岁,创伤后应激障碍的高峰期风险期为16~17岁,超过一半的抑郁症患者在儿童时期、青春期或青年时期首次发病,而这时候他们的成长环境主要还是家庭,因此,应提高对家庭因素的关注度,从根源上探索并预防大学生心理问题。

(一)家庭经济状况

家庭经济状况是影响大学生心理健康的一个重要因素,这主要关系到学生平时的生长环境、接触人群、受教育程度等。家庭经济情况较为不错的学生从小生活在一个物质、精神都较为富裕的环境下,周围人的素质以及受到的教育水平也较高,相比之下,这些学生则能获得更加优越的条件,有助于其心理健康水平的提升。相反,贫困家庭的大学生的成长环境较为有限,他们的心理问题无法被及时关注与发现,这对他们的心理健康是不利的。另外，有些贫困家庭的大学生还必须依靠贷款、助学金、勤工俭学等助学途径来完成他们的大学学业，这使他们在日常的学习和生活中感到压力和自卑，这些不良的心理负担就给其心理健康埋下了隐患。因此，家庭经济情况对大学生心理健康的影响不容忽视，尤其是贫困家庭的大学生，应给予更多的关怀。

（二）家庭结构

家庭结构包括学生单亲与否、独生子女与否、留守与否等情况，学生在不同结构的家庭下成长自然会受到不同的影响。其中，单亲家庭和重组家庭中的孩子相较而言容易缺乏归属感和安全感，对人际关系会更加敏感；独生子女则更易形成自我中心，可能会困于处理与周围人的关系，独立承担责任的能力也稍差一些；留守家庭中的孩子往往缺少爱，容易自卑封闭、对外界环境怀疑不信任。但容易被人们忽视的是，在家庭结构形成甚至在此之前，其对大学生产生的影响就已经发生了，并且一直延续到大学，就有可能成为许多心理问题发生的诱因。

（三）家庭氛围

家庭氛围主要是指家庭成员间的亲密程度，其对学生幸福感产生了重要的影响，从而关系到大学生的心理健康状况。影响最直接的就是父母关系，父母关系不和谐常常导致他们的子女不善于表达自己的情绪，心理压力得不到及时缓解，则容易诱发心理问题；父母关系密切，则对子女心理需求的包容性更大、家庭成员交流沟通更顺畅，有助于子女的心理健康。相比之下，良好的家庭氛围更有利于学生身心都健康地成长。

（四）家庭教育

家庭教育是一切教育的基础，主要是指父母对子女的教育，这在子女的中小学教育阶段一直占据着主导地位。因此，父母的文化水平、受教育程度以及职业都将影响到其对子女的教育，反映到子女身上即其期望与观念，这可能成为学生压力的间接来源。相比之下，综合素质较高的父母更善于理解和尊重子女，能够与他们进行更有效的交流，较好地注意到子女心理情况的变化，并及时指导他们解决问题，在这种教育环境下成长的学生有着更好的心理素质。

二、家校合作的必要性

（一）家庭是大学生心理问题的根源

家庭是大学生形成自身人格的基本环境，其对学生的心理健康也会产生根本性的影响。大学生心理问题往往都是由于曾经的家庭因素对其心理造成打击，或者是遇到问题时最亲近的家人没有起到积极作用，以至于这些问题在学生心里萌芽甚至向恶性方向发展，在大学时期他们再遇到类似问题便暴露出心理弊端。学校在解决学生的心理问题时若能与家庭方面合作，便能从根源上发现问题所在，更高效地帮助学生建立心理健康。

（二）家庭方面可作为学校的推手

对于学生而言，师生关系并没有亲子关系较高的亲密度，学生与老师交流时并不能完全地坦白，学生会怕暴露自己的某些缺点从而影响到以后的一些利益就会有选择性地隐瞒，这对于学校方面解决大学生的心理问题是不利的。相对学校的契约性而言，家庭关系更具有盟约性，可以缓解学校在心理干预过程中出现的紧张与冲突。而且在家庭一方的帮助下，学校方面可以更好地找出问题所在、鉴别问题类型，从而制订更好的解决方案。

（三）家校双方都不能独自解决问题

大学生心理问题的解决需要家校双方的通力合作，任何一方都不能独自发挥完全作用。高校心理健康教育方面，关注更多的是事发后的补救措施，未着眼于家庭因素的根源性，很难着实地解决大学生的心理健康问题。然而，家庭因素也是受到我国社会形态的影响，又岂能一时间改变，这就需要在学生本身因素方面做文章。而学校的有效引导，能帮助大学生正确认识来自家庭的各种压力因素，将自己从压力之中解放出来。利用家庭影响的基础性作用与学校心理疏导的指导性作用，将学校教育和家庭教育结合起来才是一条构建大学生心理健康的重要途径。

三、家校合作的现状及问题

家校双方的有效合作目前还处于纸上谈兵的阶段，没有完整的规划，可操作性低。双方都存在问题，家长对学生情况的漏报瞒报、高校忽视与家庭的沟通等都关系到双方的合作。

（一）家庭方面的问题

近年来，大学生的心理健康问题更多地受到社会各方面的关注，这是因为当前大学生心理健康状况不容乐观。2013年国家统计局的调查显示，约有240万大学生面临着较为严重的心理问题，而这个数据还在逐年上升。黄和等调查收集了3所高校的本科生的症状自评表，结果显示约有1/3的大学生面临着心理方面的困扰，不论是躯体化、强迫症状，还是人际关系敏感等心理问题，都更频繁地出现在大学生这个群体之中。为准确掌握学生心理健康状况并及时做出干预，各大高校都在完善本校的心理健康体系使其更加健全。但目前，学校承担了几乎所有的大学生心理干预指导的责任，而大学生成长的家庭却没能发挥更积极的作用。不可忽视的是，家庭是大学生形成自身人格的基本环境，其对大学生的心理健康也会产生根本性的影响。当学生出现心理问题时，不能仅仅依赖于学校，应从学生出生成长的家庭环境入手寻找根源性问题，这就需要家、校双方合作，一起构建大学生心理健康。

（二）学校方面的问题

一方面，学校缺乏资金支持和专门负责家校合作的机构，使得家校合作实施起来存在困难，在人力、物力、财力、精力等方面都捉襟见肘。这种情况下，学校自然会放弃或者说是只做家校合作的表面工作。另一方面，学校利用新生入学、家长会等时机更加注重的是宣传学校，而不是与家长交流合作以预防大学生心理问题的发生。学校往往是在学生出现了问题之后再通知家长，但这时候家长容易产生消极情绪和抵触心理，很难理性与学校合力解决问题，使得双方合作难于开展。

四、对于家校合作的建议

（一）完善沟通方式与途径

随着通信技术的发展，QQ、微信等联系方式在电话、短信后流行起来，但对于一些偏远地区来说他们与外界的沟通方式也许还停留在书信上。所以学校方面应在沟通方式上兼顾传统与流行，通过书信、微信、电话等形式将学生在校的生活状态告知家长，使家长能够及时了解孩子的心理状况，同时还能向家长了解学生的家庭情况以给出针对性的解决方案。另外，家访、家长会这种面对面的交流方式也是不能缺少的，毕竟面对面能够更直接真切地发现问题并且一起寻找解决方案。

由于每个家庭的文化背景、经济情况、家庭结构以及心理教育文化的不同，家长们参与教育的行为、家校合作的进行程度就有差异。针对不同的家庭存在的问题，学校可利用学生入学或假期，采用小型探讨交流会的形式对其家长进行短期培训，内容涉及帮助子女更好地适应大学生活、更好地与人沟通、大学生涯的规划、情感困惑和心理问题的面对与解决等。通过这些短期培训使家长们对于大学生心理健康、家校合作有更深层次的认识，最大限度地发挥学校心理咨询团体的价值。

（二）建立档案

创建档案，有据可查。学校应在学生档案中纳入人口学资料并重视其预估作用，一方面可以在心理问题出现或者恶化之前进行干预，减小损失；另一方面可以在问题发现后寻找问题根源，便于对症下药。建立心理问题学生的相关档案，应收集3个方面的内容：第一，大学生原生家庭状况、经历过的重大事件等影响学生心理发展的因素；第二，大学生性格品质、心理问题属性等反应起心理状况的资料；第三，大学生的人生追求情况、学习适应性状况等。创建档案有利于全面掌握学生信息，只有对他们的心理健康状况有全面、客观的了解，才能为科学、有效的教育管理提供理论依据。

（三）培养起专业队伍

借鉴现有家校合作方面的经验，建立培养起一个推动家校合作的专门组织，致力于研究、改革家校合作。此外，学校方面要主动完善家校合作的沟通机制，使其组织化、制度化，确保家校合作的连续化、规范化和长久化。学校方面还可以通过招聘吸纳更多德才兼备的兼职或是全职大学生心理健康教育教师，对教师队伍进行专业、定期的培训，建设一支理论实践水平都高的心理健康教育队伍，以充分发挥其在家校合作中具体策划人、组织者、参与者、指导者、咨询者等不同身份的作用。

在大学生心理健康备受挑战的情况下，家校合作的重要性和必要性更加凸显。虽然家校合作在我国并无太多可借鉴的经验，但这是一条值得我们去探索、实践并不断完善的解决途径。也相信在家校双方的共同努力下，大学生心理健康水平在未来会有所提升！

第三节 大学生与心理健康

大学生群体，一个看似轻松、无忧无虑的群体，事实上承受着巨大的压力，学业、生活、就业、情感以及身份转变的多重压力，大学生们现今的心理状况令人担忧。而各心理健康调查也表明，大学生已经成为心理健康的弱势群体。因此，对大学生群体的心理健康问题进行客观的剖析并提出相应的解决措施十分有必要。

心理健康,指精神、社会活动正常,能在社交、生活上与其他人保持较好的沟通或配合,能正确地处理生活中发生的各种情况。心理健康,作为个体适应环境的能力的一个指标,与人体的健康密不可分。

一、大学生心理健康的标准

(1)智力正常,能充分并正确地发挥智能;(2)情绪健康;(3)意志健全;(4)人格完整;(5)自我评价正确;(6)人际关系和谐;(7)适应能力强。

二、当代大学生心理问题的原因分析

(一)学业压力与就业压力

为了提高大学生的专业理论文化水平,各高校开设的科目较多,以致课程的负担过重或学习方法有问题,从而感觉对完成学习任务力不从心,导致长期的精神压力及过度紧张,甚至引发失眠、焦虑、抑郁等。

除此之外,为了丰富大学生的课余生活,各类社团活动也层出不穷。一方面,可以让学生们广交朋友、开阔眼界、增长见识和提高他们的社会适应力;另一方面,对于那些本就课程繁重的专业来说,完成学习任务已经是一件需要花费大量时间的重任,而难以兼顾同样需要大量时间的社团活动。因此,自身学习效率较低、又想要在学习上有所成绩的学生来说,社团活动会加大他们的压力。

就业压力与学习压力常常相伴出现。成绩不理想或因母校不出名而自卑导致出现就业恐慌,现今严峻的就业前景又导致他们加倍强迫自己去学习以争取更强的竞争力,形成一个恶性循环,许多精神或者心理问题就会随之产生。

(二)对新环境的不适应

大学里学习,更多的是依靠自律,而且大学课堂也和高中课堂相差甚远,大学里没有固定的教室,每节课都在不同的教室甚至不同的大楼上课,也不存在固定同桌。

除此之外,寝室生活是一个群体生活,群体不会像家人那样迁就以及包容,每个人性格、教育、世界观的不同都会导致难以和寝室同学和平相处。

(三)情感问题

大学校园可以说是恋爱的最佳场所,但是,恋爱率逐渐上升的同时恋爱成功率却在下降,因此,失恋是一个不可避免的影响大学生心理健康的因素之一。

每个人的初衷都是要追求更高的生活品质,自由恋爱的盛行意味着自己可以根据自己的要求去寻找符合心中的恋爱对象。所以有些自身条件不好的学生是极度敏感的,很容易产生极端的想法。

(四)生活压力

高考,是寒门学子进入上层社会最简单的途径,进入大学会遇到形形色色的人,攀比或者嫉妒心理油然而生。

有的同学家境殷实,学习成绩不好也可以进入很好的单位工作;而有的同学学费靠贷款、生活靠补助,成绩优异也比不过别人的强大关系。这种生活、背景上的不对等,会极大地影响一个原本积极向上的人。

三、对大学生心理问题的改善措施

(一)自我调节

1. 自我勉励

自我勉励更多地体现在给予自己更多的信心,有自信去战胜那些不利因素,比如同那些有强硬关系的同学相比,坚信可以通过努力让自己足够优秀从而脱颖而出,冲破一切的不平等。

2. 宣泄负面情绪

大学生活里会有很多事远超自己对人性本善的理解,大学这个小型社会既有社会的黑暗也有学校的单纯,这样矛盾且对立的两种不同的社会形态使人难以快速转变自己的角色,有的人已经完成了学生向社会人的转变,而有的人依旧还是一个学生。故两类对立但又朝夕相处的人的不同人生观会让人痛苦不已,从而使负面情绪难以通过自我勉励的方法宣泄出来,所以需要一种更加强烈的宣泄方法,如高强度的运动,或者做一些自己以前不敢做但又很想尝试的事。

3. 转移注意力

转移注意力是一个暂时忘记烦恼的好方法,随着时间的推移,会抹平一切当时走不过去的坎。

4. 合理分配自己的时间

很多学生的压力来自不合理的时间分配,既想要丰富的社团、社会活动,又想要优异的学习成绩,但大多数的学生难以各方面都优异发展。因此,对于自身对未来的展望,要合理地安排时间以均衡学业和实践活动。

（二）加强高校心理辅导

高校心理辅导和咨询是目前解决大学生心理问题的重要手段。高校可以设立专门的心理咨询室，一方面对班级心理委员定期培训，另一方面可以接待有困扰的同学进行开导。同时，每学期制作网上心理健康调查问卷，让学生填写，从问卷结果中找出需要心理咨询的同学。

总而言之，要完善心理咨询与辅导的相关软硬件设施，无论是师资力量还是各类心理辅导室或场所、各种心理辅导道具或设备，就是要给大学生提供有效的心理辅导与咨询。

（三）开设心理教育课程

大学生心理健康教育最常用的方法还是要发挥大学生心理健康教育课堂教学的主要作用。心理素质的提高离不开知识的储备，学生学习心理方面的知识，有助于学生了解心理问题发生的原因、发展规律。因为有些心理的问题并不是病态的，而是一种短时间内的正常心理反应。掌握心理知识可以正确认识并向专业人士咨询自己现阶段的心理问题，而不是因为对"精神病"的错误理解从而惧怕去倾诉和治疗。

第四节 大学生心理健康影响因素分析

大学生心理健康教育已经成为高等职业学校学生教育和管理工作的一个重要方面。本节主要从自身、家庭、学校和社会等四方面分析了影响大学生心理健康的因素，进而从个体和学校两个层面提出大学生心理健康的具体应对策略。

WHO 提出：21 世纪人人享有健康。心里健康的标志是：身体、智力、情绪十分调和；适应环境；有幸福感。但随着社会的进步和发展，都市生活节奏的加快，竞争的日益加剧，日趋严重的心理问题已成为影响大学生健康成长和高职学院稳定的突出因素。湖南省某高校的调查显示，有近 23% 的学生感到苦恼，14% 的学生在积极和消极情绪维度上偏向消极一方。由此可见大学生心理健康教育已经成为高职学院学生教育和管理工作的一个重要方面。因此，了解和把握大学生心理健康的影响因素、开展心理健康教育的工作模式及其具体应对策略，是有效开展大学生心理健康教育的前提和基础，将有助于大学生心理健康教育工作的深入开展。

一、大学生心理健康的影响因素

根据"素质—压力模型"，个体若有倾向得某种心理疾病的遗传素质，则特别容易受环境压力的影响,而产生相对应的偏差行为。就大学生这一特殊群体而言,其"压力"主要指其在学习过程中,可能会面临的各种困扰或问题,而"素质"指大学生自身由遗传获得的、潜在的心理困扰特质。当大学生潜在的心理困扰特质水平偏高,在面临外界压力时,如果缺乏有效的应对方式,那么个体就可能会出现适应不良的状况,进而衍生出各种情绪障碍或偏差行为,甚至导致严重心理疾病的产生。

(一)自身因素

大学生正处于身心发展的重要时期,他们在心理上正处于迅速走向成熟而又不完全成熟的过渡阶段,由于我国中学阶段长期实行应试教育,不重视大学生的生理和心理教育,尤其是大学生性教育,使得他们在这一时期普遍感到迷茫,出现一些行为或心理上的偏差。还有部分学生可能存在部分先天或后天的机能缺陷,不良的生活习惯等也可导致身体不适,作息异常,从而限制其学习范围与学习潜力的发挥,影响学习效果与自我价值感。在心理特质方面,"自我中心"、缺乏弹性的人格特质,人际交往技能的缺乏等也会影响大学生的心理适应能力。一般分为两类:一类个性追求完美,过于苛求,过度在乎周围的一切,别人的看法,不允许自己没有达到预期目标,容易将失败进行内部归因,从而产生焦虑抑郁等不良情绪;另一类是自我意识消极、学习动机薄弱、容易将失败过度归因于外在因素、自我控制能力低,容易沉迷于网络、游戏等。

(二)家庭因素

"家庭是人格形成的摇篮"。大学生的人格基础形成于家庭,良好的家庭环境对大学生形成健康的人格具有重要作用。事实证明,和谐的家庭氛围有利于大学生形成谦虚、礼貌、随和、乐观的人格特征;反之,则易使大学生形成粗暴、孤僻、冷漠等不良的人格特征。因此,父母的管教态度、家庭气氛、手足关系等家庭成长经验,深刻影响个体日后的人格独立与心理健康。同时,家庭的经济状况也会对他们产生一定的影响,尤其是人际关系方面。

(三)学校因素

高校中乏力的人格教育、呆板的教学方法、强制性学习、竞争的无序化、同学关系紧张等,均使大学生的心理压力增大而影响心理健康。多年来,我国的高校以"学科为本"为主题设置课程,极不重视大学生的心理健康教育。目前,尽管很多高校都设有心理咨询中心,但工作开展得并不尽如人意,主要是因为咨询手段和方法落后,适应不了学生的要求,以致学生一旦有了问题,也不愿意进行心理咨询。

（四）社会因素

人是生活在一定的社会文化环境中,因此经济状况、价值观与社会制度也随时影响着大学生的心理健康程度。目前,我国正在经历一个变革转型时期,经济、政治、文化各方面都在变化中,而大学生又正处于生理和心理的不稳定时期,出现各种心理困惑在所难免。例如:社会价值观偏差,过度看重文凭、名牌学校、唯升学论,从而窄化人生,不利于个人多元价值观的建立。其次,由于大众传媒的发达与普及,每个人每天接受大量资讯,但内容却充满商业物质取向,女性物化、拜金主义、享乐主义等表面肤浅的内容,不但学生容易受到迷惑而分心于学业之外,有时也会造成学生严重的价值观偏差。

二、增进大学生心理健康的策略

大学生群体的特殊性给高校心理健康教育的实施带来了巨大的困难,虽然目前各高校建立了心理咨询机构,成立了各种与心理健康有关的社团。但是大学生心理健康教育是一个系统工程,需要各方面协同发展,因此,探讨大学生心理健康问题的干预策略就显得尤为重要。

（一）从学生个人方面增进心理健康的策略

这是大学生心理健康教育的重要方式,也是在心理健康教育中有效发挥大学生主体性的最佳方式。大学生具有较高层次的知识水平,良好的认知能力和相对稳定的价值观,单单依靠"说服性教育"可能收效不大,因此要充分发挥大学生的主观能动作用,进行自我教育。结合"压力调节模式",引导大学生合理规划自己的生活,掌握缓解压力的各种方法,保持健康的生活状态;通过阅读一些心理学、哲学的经典名著,并开展符合自身特点和水平的心理素质训练,提升自我强度;积极参加各项心理健康活动,熟悉专业心理资源网络,努力增加社会资源等。

（二）从学校环境方面增进心理健康的策略

1. 重视校园文化建设,创造良好的社会心理环境

校园文化作为一种隐性课程无时无刻不在影响着学生的身心发展,大学校园应该是充满温馨关怀、充满活力与希望,能够提供每位学生在此学习与成长的地方;应该是一个重视学生的各种能力协调发展、尊重学生各项意见,安全的、性别平等的友善之地;是一个学生能够快乐学习、自我成长的健康环境。因此,构建良好的校园文化是大学生心理健康中不可缺少的一个环节。

2. 重视学生的生涯规划进程,确认学生的生涯发展目标

很多学生就读大学专业时,对自己所读专业的未来发展是非常模糊的,因此学校应该积极地开展生涯规划与选课辅导,特别是大一新生的辅导员可以组织利用新生座谈、班会时间、系学生活动时间、学术演讲等机会,由师长、研究生介绍自己的学习生涯规划过程,提供学生生涯规划的学习对象。当学生的生涯规划设计目标明确清楚时,学生也才能安心于学习,相对的,心理健康的程度也会比较高。

3. 积极宣导校内心理卫生工作,提高学生心理适应能力

学校心理咨询中心并非只对问题学生或是危机事件中的学生服务,当学生在心中有困惑、生活感到不适应、希望自我探索以及帮助自己不断迈向自我实现等情形时,都可以主动到中心寻求各项免费的专业咨询,它要承担学生的个别咨询、团体咨询、新生筛查、成长团体、自我探索、生涯规划等服务。心理健康社团要承担心理影片欣赏、书籍借阅、心理健康推广活动等工作,二者应相互配合,通过心理健康的三级预防模式来帮助学生提高心理适应能力,及早解决心理困惑。

第五节 高校大学生心理健康研究

高校体育与大学生心理健康关系密切,如何在高校体育中融入心理健康教育,促进体育与心理健康教育效益互动,既是高校心理健康教育的一个研究课题,也是学校体育工作者亟待研究与解决的问题。本研究在探讨大学生心理健康水平与其体质、锻炼行为和身体认知结构的关系基础上,遵循"面向全体大学生,以素质教育为理念,发挥高校体育与心理健康教育资源优势,增强大学生体质,提高心理健康水平,促进身心素质协调发展"的总体指导思想,从理论依据、基本原则和目标以及模式基本结构几方面,探讨和设计高校体育与大学生心理健康互动模式。

一、高校体育和大学生心理健康互动研究的理论依据

(一)以全面发展的教育方针为依据

高校体育和心理健康教育是全面发展教育的重要组成部分,它们与整个高等教育构成一个互相联系、互相贯通的大体系。"全面发展"是党与国家的教育方针对高等教育工作的基本要求,也是十八大精神的重要体现。"德""智""体""美"是"全面发展"的主要内容,其中体育是全面发展教育的基础,心理健康是全面发展教育的保证。高校体育在教育目标、教育功能上和心理健康教育有某些交叉重叠之处,心理健康教育是体育增进大学生健康的重要内容,而体育运动技能的掌握必须依赖良

好心理素质的形成。因此,开展大学生心理健康教育可以为高校体育工作的实施与发展打下良好的心理基础,体育教学效益的提高能有效地促进大学生心理健康教育开展。

（二）以大学生身心发展规律为依据

遵循大学生身心发展规律,是高校体育和大学生心理健康效益互动能够实现的基本前提。大学生的心理发展依赖于身体各方面的发展,生理上的发展为他们的心理发展提供了基础。大学生处于青年中期,他们的生理已经基本趋于成熟,但心理发展尚未完全成熟、稳定,许多心理素质还在建构之中。因此,大学生在成长过程中遇到这样或那样的困扰和矛盾,会形成各种各样的心理问题,但这些问题往往是发展性的,是成长中不可避免的矛盾,是一个从量变到质变的对立统一的发展过程。

（三）以社会对人才的需求为依据

培养高素质人才是时代和社会对高校教育提出的根本任务,具备良好的心理素质是现代社会对人才的基本要求。随着科学技术的迅猛发展,知识经济时代的到来,社会对人才的素质要求更高了,如社会对大学生的进取意识、自主精神、社会适应能力、创新能力,社会责任感、使命感、团结协作精神及与知识经济社会发展相适应的现代意识等提出了更高的要求,这些素质大部分是属于心理素质范畴的。只有心理健康的大学生,才能拥有良好的智力条件、顽强的意志品质和稳定的情感,才能正确对待暂时的失败和挫折,排除各种干扰,有效地投入学习,并促进自我全面发展,从而成为真正意义上的社会所需的人才。

二、高校体育和大学生心理健康互动模式的基本建构

充分挖掘高校体育教育资源,深入开展大学生心理健康教育,既需要有关职能部门统筹规划,组织协调,又需要各部门、各方面明确分工,密切配合;既需要相关专业教师相互交流与沟通,优势互补,又需要多方面的配合和支持,形成合力。建构科学、系统的互动模式是促进高校体育和大学生心理健康教育效益互动的基础保障。基于调查研究和专家访谈结果,笔者认为目前要促进高校体育与大学生心理健康效益互动,应着力建立健全以下三大系统。

（一）建立立体化的组织领导体系

高校体育和大学生心理健康教育要实现效益互动,必须建立一个立体化、多元化组合的工作管理体系,加强领导,从不同层面、角度、渠道开展工作。具体来说,学校

成立大学生心理健康教育领导小组，实行党政统一领导，主管校领导担任组长，成员由学生工作处、团委、教务处、宣传部、后勤集团和各院系等有关方面负责人组成，领导小组负责指导和协调全校心理健康教育工作。

（二）促进师资队伍素质提高的互动机制

高校体育与大学生心理健康教育能否实现有效互动，很大程度上取决于实施体育教育和心理健康教育的教师队伍的心理素质和业务素质，但目前心理健康教育和高校体育师资队伍的素质还远远不能适应高等教育飞速发展的客观形势要求，远远不能满足广大学生日益增长的心理需要。为此，必须从提高教育者自身的心理素质和业务素质两方面来加强心理健康教育和高校体育师资队伍建设。在提高教育者自身心理素质方面，主要通过两条途径：第一，通过教育者自身的努力学习，不断提高自己的思想道德修养水平和心理健康水平；第二，在心理健康教育中心的组织协调下，强化心理健康教育专（兼）职教师和体育教师间的交流和互动，通过教育者之间的优势互补，共同提高心理素养。在提高教育者业务素质方面，主要采取以下办法：第一，定期培训与考核。第二，加强教研活动。第三，合理配置师资。

（三）提高教学效益的运作体系

大学生心理健康状况信息的收集与反馈。首先，制订科学的大学生心理健康普查方案，积极开展心理健康普查工作。新生一入学，全面开展心理健康普查工作，为每一位大学生建立心理健康档案，对测查中发现的各种心理问题，要加强跟踪辅导，提高对大学生心理健康教育、心理咨询和干预治疗的及时性和有效性。第二，加强对大学生心理健康状况信息的收集。除通过心理普查这条渠道收集大学生心理健康信息外，任课教师和管理人员在平时的教学和管理工作中，如发现部分学生出现心理健康问题或出现集体性的心理变化趋向，及时将信息传递给心理健康教育中心，由专人对信息进行归类、分析、处理和存档。第三，建立顺畅、有序、严格的心理健康信息反馈机制。心理障碍问题涉及大学生隐私，因此，在反馈心理健康信息时应做到传递有序，范围适度。具体来说，共性的心理健康状况信息应及时传递给教育者和管理者，个别严重心理障碍者信息反馈给心理咨询、治疗中心和直接管理人员。

高校体育与心理健康教育互动的渠道选择。第一，重视高校体育与心理健康课堂教学的主渠道、主阵地作用。在深化体育教学内容改革，丰富心理健康教学内容的基础上，通过课堂教学普及心理健康知识，传授心理调适方法，使大学生了解并体会心理问题产生和发展的历史过程，帮助大学生消除心理疑惑，提高心理健康水平，从根本上预防心理问题的出现。第二，充分发挥课外体育、运动竞赛和非心理健康教育课堂的作用。根据大学生在不同发展阶段普遍存在的心理问题，适时举办群体活动，组织多形式的讲座和报告，帮助学生解疑释惑，如新生心理健康教育重点应放在尽快适应新环境和人际交往问题，完成从中学到大学的转变等内容上；二、三年级学生应主要帮助他们解决专业思想问题和人格发展等方面的困惑；毕业生的教育内容主要是就业心理调适和职业生涯教育。第三，营造文明健康的校园体育文化氛围。校园体育文化是学校特有的一种文化现象，健康、积极、向上的校园体育文化氛围会潜移默化地优化学生心理品质，促进体育活动的广泛开展。高校要利用校园广播、互联网、校报、橱窗等宣传媒体，宣传体育知识，普及心理健康知识。第四，积极培育和扶持大学生群体社团，以大学生喜爱的运动项目为载体，开展各种丰富多彩的文体活动和心理健康教育活动，使大学生的心理健康教育和高校体育范围不再囿于传统模式。

高校体育与大学生心理健康效益互动模式的建构应重点围绕组织领导体系、师资队伍建设和互动运作体系三大系统进行建设。首先，学校成立大学生心理健康教育领导小组，实行党政统一领导，下设大学生心理健康教育中心，指导大学生心理健康教育和辅导工作的开展和实施；其次，从提高教育者自身的心理素质和业务素质两方面来加强师资队伍建设；最后，寻找高校体育与心理健康的有效结合点，全方位地开展心理健康教育。

第二章 大学生心理健康教育创新研究

第一节 大学生心理健康教育的新视角

主观生活质量指的是个人对重要的需求、目标、愿望在多大程度上获得实现的主观评估。主观生活质量可以是对整个生活领域的全面质量评估，也可以是对某一特定生活领域的质量评估。研究证实，大学生主观生活质量与个体自身人格特质和认知因素有关，同时一些外在的环境因素也会对主观生活质量产生一定影响。主观生活质量的相关研究给予学校心理健康教育工作很多启示，不断促进大学生主观生活质量的提高也成为学校心理和教育工作者的工作目标之一。

在过去很长一段时间里，学校心理和教育工作者们把工作重点放在对学生心理问题与疾病的事后干预与治疗上，然而对大学生积极行为的研究显示，只关注心理问题的事后干预的做法对学生日后的健康发展是很不利的。积极心理学认为更有效的做法是，在心理问题发生和发展之前先行培养学生自身的积极力量，这种力量使人能更好地适应多变的环境并可降低心理疾病的发生概率，也可以改善学生的学习表现，其中主观生活质量属于我们要努力发展的这类心理力量之一。对儿童与大学生心理健康的调查研究表明，大学生的主观生活质量与他们的不良行为间呈显著负相关，大学生低水平的主观生活质量与物质滥用、暴力行为之间存在一定的关系，初中生主观生活质量能显著影响学生的学习成绩，儿童主观生活质量与心理健康水平呈显著正相关。可见，学校在对学生进行心理健康教育时有必要关注学生的主观生活质量。

一、概念的提出

关于生活质量的早期研究非常强调生活的各项客观指标，如收入水平、健康水平、受教育水平、消费水平等，而现在研究者日益关注生活质量的各种主观指标。有观点认为，生活质量是"源于一个人对自己整体生活的当前体验而产生的主观的幸福感受"。Frisch给主观生活质量如此定义，"a person's subjective evaluation of the degree to which his or her most important needs, goals, and wishes have been fulfilled"（主观生活质量指的是个人对重要的需求、目标、愿望实现程度的主观评估）。主观生活质量可以是对各个生活领域的全面评估,也可以是对某一特定生活领域的评估。不难看出,主观生活质量强调的是个人的主观体验和评价,与个人的认知密切相关。

二、大学生主观生活质量的相关因素研究

当前研究者们对成人的主观生活质量的研究成果丰富,对于大学生的主观生活质量的研究数量和程度远远不及对成人的研究,查阅已有的文献资料可把关于大学生的主观生活质量的相关因素大致分为两类:内部因素和外部因素。

（一）内部因素

大学生主观生活质量的相关研究显示,性别、年龄和社会经济地位不会显著影响大学生主观生活质量,而大学生自身的人格特征与他们的主观生活质量有着显著相关。Hubner研究发现,与3~13岁儿童的主观生活质量相关最密切的是儿童的自尊感、内在控制感和外倾性。Fogle,Huebner和Laughlin的研究发现,大学生的焦虑特质、神经质倾向等气质特征与主观生活质量水平呈现显著负相关。王胜兴、徐海波和李好兰对少年儿童社交焦虑水平与主观生活质量的相关性研究发现,社交焦虑少年儿童的主观生活质量较差。杨颖、鲁小周和罗思亮对留守儿童的研究证实,学业成绩对留守儿童的主观生活质量有显著影响。

同时也有部分研究者试图探索与大学生主观生活质量相关的认知因素,其中Ash和Huebner发现大学生的归因方式是消极事件作用于主观生活质量的中介因素,具体来说,大学生在生活中经常经历消极事件会使其对生活的控制感减弱,倾向于将生活事件进行外控归因,进而主观生活质量也随之下降。Fogle,Huebner和Laughlin对气质和大学生主观生活质量关系的研究表明,中小学生体验到的自我社会效能感在外倾性与主观生活质量中起到中介作用。

（二）外部因素

越来越多的研究证实,居住环境、背景文化、生活事件等因素与儿童主观生活质量相关显著。如Homel和Burns的早期研究发现,住在住宅区的儿童比邻商业区或工业区居住的儿童的主观生活质量稍高。Sam开展的一项针对背景文化结构影响主观生活质量的研究显示,生活于单一民族环境中的大学生比生活于多民族杂居环境中的大学生体验到更多的幸福感。另外,Ash和Huebner的研究表明,大学生的主观生活质量与其生活中积极和消极事件的出现频率相关。Fogle,Huebner和

Laughlin 进一步指出,生活中的积极事件相较于生活中的消极事件能更大地影响大学生的主观生活质量。

家庭因素,如家庭教养方式、来自父母的支持、父母的婚姻状态、父母关系等,都能影响大学生的主观生活质量。Huebner 的研究表明尽管良好的同伴关系与大学生主观生活质量呈显著相关,但他们的主观生活质量与亲子关系的相关程度更高。Dew 与 Huebner 也发现,父母间的关系比他们自己的外貌和他们对学业的自我评价更能影响他们的主观生活质量。Leung 和 Leung 的跨文化研究进一步证实了亲子关系对大学生主观生活质量的影响力。周琴、刘晓瑛和宋媛对苏州市某社区 8~10 岁外来儿童主观生活质量及其影响因素的调查发现,外来儿童的家庭关系对其主观生活质量影响较大。胡华、张波和陈云华在研究儿童主观生活质量的影响因素时发现,家庭关系对儿童主观生活质量影响较大。

大学生的主观生活质量也与他们的校园经历相关。如 Huebner, Funk 和 Gilman 发现,大学生低水平的主观生活质量与他们对学校与教师的消极态度显著相关。Baker 的研究显示,对老师与学校怀有积极态度的学生更能体验到较高的主观生活质量并表现出更多的社会期许行为。Baker 研究证明,大学生较高的主观生活质量水平与其参与课外活动(如体育运动、俱乐部活动等)的程度相关。胡华、张均华、梁剑玲研究指出,校园同伴关系对少年儿童主观生活质量中总体满意度、情感成分和认知成分有显著影响。

三、大学生主观生活质量研究对学校心理健康教育工作的启示

对大学生主观生活质量的相关研究给予学校心理健康教育工作很多启示,主观生活质量不仅是种结果变量,它也可以作为外部环境与大学生行为之间的中介变量而发生作用,因此,不断促进学生主观生活质量既是学校的心理健康教育的最终目标之一,也是预防学生问题行为产生的有效手段之一。

(一)对心理评估方式的启示

学校传统的心理评估重在对心理疾病严重程度的评估(如使用 SCL-90 量表进行评估),对大学生主观生活质量的研究为学校心理和教育工作者提供了一种新的工作视角,学校心理工作者应考虑对学生自身积极力量与环境中的积极因素的评估,其中就包括对学生主观生活质量的测量。对学生主观生活质量的日常测量能为学校心理健康教育工作提供重要信息,大学生主观生活质量量表作为筛选工具,对处于危机边缘的大学生能起到识别作用。已有研究表明,在各类学习问题(如辍学)与健

康问题(如抑郁、自杀、呼吸道感染)出现前,个体的主观生活质量都会有所下降。显然,主观生活质量量表可作为一种快速诊断工具。因此,对学生主观生活质量的评估不仅能在学生的心理问题与不良行为的预防工作方面发挥作用,而且也为促进学生心理健康的工作提供方向。

(二)对心理干预策略的启示

学校心理和教育工作者以改变大学生人格特质为目标的长期干预是比较困难的,旨在提高学生主观生活质量的干预策略更切实有效,这种心理干预可采取综合的方法,应体现出学校、家庭和学生个人的共同努力。在学校,学校心理和教育工作者可以采取短期认知—行为疗法,改变学生的消极认知(如外控归因方式、低社会自我效能等),进而改变他们对人生的消极评价。与此同时,鼓励学生参与有意义的校内集体活动、培养学生解决问题的技能,让学生的个人努力对干预过程发挥积极作用。另外,必须注意的是,家庭的支持对学生的主观生活质量水平的提高有重要意义,若能对学生家长进行必要的培训则会让干预过程更完整,对学生家长的培训首先是为了帮助家长认识到他们对学生心理健康潜在的影响力,然后帮助他们发展家庭对学生的支持性力量。

(三)对学校环境建设的启示

虽然主观生活质量是一种个人体验,但对它的研究已清楚地显示出生态因素的作用,可见,要改变学生的主观生活质量水平和行为不仅要改变学生个人也要改造周围环境。学生若对学校和教师持有积极评价则更能体验到较高的主观生活质量,而且倾向于表现出更多的社会期许行为,那种只关注改变个体自身而忽视改造周围环境的干预过程明显是有欠缺的,因此学校心理和教育工作者如能更多关注学生对校园环境的体验将有利于实现心理健康教育目标。学校应以提高学生主观生活质量为着眼点,建设积极校园环境,如积极开展绿色校园建设、组织丰富有趣的学习活动、举办各种校园公益活动等,以增加学生在学校中经历各种积极事件、获得积极情绪体验的机会,这对提高学生的主观生活质量水平是有帮助的。

目前国内关于大学生的主观生活质量的研究仍未全面展开,已有研究也大都限于特殊儿童(如多动症儿童、留守儿童、社交恐惧症儿童等)群体,且数量不多,国外关于大学生主观生活质量的研究虽不及成人研究,但也积累了一定的成果。研究表明,大学生高水平的主观生活质量能预测更多的适应行为,与适应功能相关的各种变量与大学生的主观生活质量相关。但是主观生活质量的相关研究中大部分都只是以一次性的相关研究为基础，变量间彼此相关的方向尚不清晰，需要更多地设计严格的纵向研究对这些问题加以解释。不断促进学生主观生活质量既是学校的心理健康教育的最终目标之一，也是预防学生问题行为产生的有效手段之一。学校心理与教育工作者们应从当前研究中搜集有价值的信息，在学校心理健康教育的实践当中自觉应用研究成果，对传统的学校心理健康教育进行必要的补充与改革，最终为实现学校心理健康教育目标服务。

第二节　音乐教育与大学生学生心理健康

习近平总书记强调，以新的方式推进立德树人工作，培养德、智、体、美、劳全面发展的社会主义建设者和接班人。积极尝试在音乐教育方面帮助大学生提升心理品质是贯彻落实习近平总书记会议精神的具体体现。从大学生心理健康现状入手，分析音乐教育对心理健康成长的促进作用，提出在音乐欣赏教学中采用以活动为主、开展合唱训练、鼓励和引导等手段帮助学生心理健康发展。

音乐教育是美育的一部分，它能提高学生心理素质、培养审美情趣，达到修身养性、净化心灵的目的。音乐教育是开展学校德育教育，培养大学生立德树人的重要途径。大学生是中国特色社会主义的接班人，随着现在物质水平的逐步提高，他们更需要心灵上的关爱和帮助，心理健康关系着他们一生的发展。习近平总书记在2019年全国教育工作会议强调，要"重点针对长期以来疏于德、弱于体和美、缺于劳的问题，换脑筋、换思路、换办法，改环境、改途径、改习惯，让立德树人回归社会、回归家庭、回归生活，以新的方式推进立德树人工作，培养德、智、体、美、劳全面发展的社会主义建设者和接班人"。因此，通过音乐教育去促进、帮助大学生心理健康成长，制定切实可行的音乐欣赏教学模式具有重要意义。

一、大学生心理健康现状及原因分析

大学生时期主要指少年期和青年初期，大约十一、十二岁至十八、十九岁，也就是学龄中晚期。这个时期是由不成熟的童年期走向成熟的人生道路的转折时期，是人生极为重要的关键时期。在这一时期，大学生从生理、心理、知识、智力等各个方面都有巨大发展，他们不仅学习各科知识，发展智力，而且寻求友谊，探索人生的意义，树立理想，初步形成人生观和世界观。但同时，他们也面临着许多成长中的困扰和问题。

（一）大学生面临的心理健康问题

学习方面，大学生正处在学龄期，学习上的竞争压力日益增大，除了面对老师的要求、父母的期待，他们还要承受中考、高考可能带来的巨大心理压力。有的学生容易紧张，对自我要求较高，常在考试前或考试中产生焦虑情绪，严重的甚至表现为焦虑泛化，出现食欲不振、失眠、呼吸困难等生理问题。有的学生面对学习压力，在屡次遭到失败后产生厌学的情绪，遇到学习上的问题和困难采取逃避的态度，在学校被老师批评，在家受到父母的指责，对于学习越来越排斥。

人际关系方面，现在的大学生个性突出，以自我为中心，在生活中父母对其百依百顺，面对集体生活时很少能主动关心他人，宽容他人。因此，若与老师、同学意见不合或发生摩擦、矛盾等，往往缺乏正确的沟通和交流，甚至变得孤僻、独来独往。还有的学生因缺乏与父母之间的沟通，常处在不和睦的家庭关系中，性格专横、固执，再加上有的学生属于单亲家庭，会感到自卑或得不到关爱。

大学生进入青春期时，由童年期逐渐向成人期过渡，在这一段特殊时期他们的生理、心理都发生着巨大的变化，但他们的认知还处在天真、理想化的状态。因此往往容易出现自卑、逆反等心理。一方面他们迫切地希望自己独立，具有成人感，另一方面他们在学习、生活、经济上都需要依赖父母和老师。当父母或老师不能认同自己的观念或过度干涉时，他们就会产生强烈的反感，有的甚至走向另一个极端，完全拒绝家长和老师的帮助，这就形成了所谓的"叛逆期"。

（二）大学生心理健康问题的原因

随着现代信息化的不断发展，大学生可以接触到不同国家、文化、宗教信仰等各方面的思想，他们的身心还尚未成熟，许多负面、不良的社会风气和思想会侵害他们的身心健康。有的网络游戏渲染暴力、色情，还有许多垃圾影音制品充斥文化市场，导致大学生的世界观、人生观、价值观产生问题和偏差，也势必会诱发许多社会问题。

习近平总书记在第一届全国文明家庭表彰大会中强调：家庭是人生的第一个课堂，父母是孩子的第一任老师。家庭教育对孩子的心灵成长有着潜移默化的深远影响。有的父母对孩子属于"溺爱型"，特别是隔代抚养的家庭，对孩子提出的各种物质要求有求必应，却疏忽了思想上的引导；有的父母属于"专制型"，对于孩子方方面面都加以严格控制，很少倾听孩子的心声，导致孩子出现叛逆或自卑；有的父母属于"放任型"，孩子只管养、不管教，对孩子在学校的表现不闻不问，导致孩子学习习惯差，组织纪律性差，对任何事都采取无所谓的态度。

学校教育和管理水平的参差不齐也影响着学生的健康成长。在我国长期以来的应试教育体制下，学校追求升学率，看重学生的考试成绩，老师也要忙于如何帮助学生提高成绩。因此，在不同程度上学生的心理健康教育、素质教育被排在了次要的位置。但学生在成长中除了需要学习知识武装头脑，更需要在思想上获得引导，帮助他们树立正确的是非观，将来成为社会的有用之才。

大学生之所以会产生各种心理健康问题还有一个因素是他们自身。进入初中后，也是学生"心理危险期"的开始，他们在生理和心理上都逐渐发生变化，迫切地需要别人把他们当成人看待，希望得到更多的独立的活动空间以及认可，但又缺乏生活经验，不能正确看待自己的问题。若在这一阶段家长、老师能充分认识到孩子的问题，及时处理，就能帮助他们顺利度过这个阶段；反之，这种心理问题可能会延续到高中阶段甚至更久。

大学生时期是每个人心理发展的重要阶段，出现心理健康问题是很常见的现象，想要走进学生的内心，引导学生的思想，音乐教育有着更独特的优势。

二、音乐教育对大学生心理健康发展的促进作用

音乐是心灵的迸发，它来自人们的内心，又对人的心灵产生反作用。柏拉图曾说："音乐教育除了非常注重道德和社会目的外，必须把美的东西作为自己的目的来探求，把人教育成美和善的。"因此，将音乐教育用于帮助促进大学生心理健康发展是尤为重要的。

（一）帮助自我认识与接纳

认识自我，是我们认识整个世界的起点；接纳自我，是我们与外部世界和谐相处的基础。大学生时期正是自我意识发展的重要时期，尤其是进入青春期以后，他们忽然意识到了"我"的存在，开始学习独立思考问题。在这个过程当中，针对自己大量的反思难免给他们带来"迷失"的感觉。聆听、感受音乐不仅能帮助他们内在思考和领悟，还能通过音乐与外部环境建立联系，在接触音乐的过程中回顾自己的童年，了解自己的喜好与个性，从而建立良好的自尊、自信，帮助他们认识自己，以积极乐观的心态接纳自我。

（二）调节情绪

心理健康的重要表现之一就是对情绪的良好感知和控制，这既包括自己的情绪管理，也包括对他人情绪的感知。大学生由于生理和心理的快速转型，对外部环境容易过于敏感，情绪反应往往十分激烈，起伏剧烈，表现出冲动、易怒、暴躁、叛逆的特点。音乐是情感的艺术，欣赏音乐能帮助大学生提高情绪的感知力，聆听音乐还能有

效缓解不良情绪带来的心理压力,让情绪有所排解。贝多芬说过:"谁能渗透我的音乐,便能超脱寻常人无以自拔的困难。"可见在学习音乐的过程中,学会感知苦痛、感知他人的情绪体验,也能帮助自己形成坚韧、坚强的心理品质。

(三)树立正确的人生观、价值观

有的大学生虽然没有表现出明显的心理问题,但每天昏昏欲睡,得过且过,对于自己的未来缺乏目标,这种状态是一种心理"亚健康"。对自己未来的职业生涯进行合理的规划,是每个人毕生的重大课题。合理的规划需要建立在正确的人生观和价值观上,而诸如《我和我的祖国》《黄河大合唱》《旗正飘飘》《毕业歌》等具有中华民族特色的经典音乐作品,不仅能让学生感知到音乐家那不屈不挠的顽强精神,更能培养学生对青春、对生命、对祖国的热爱,帮助、促进学生树立有追求、有理想的人生目标,潜移默化地影响大学生价值观的形成。

三、在音乐欣赏教学中促进大学生心理健康发展的途径

(一)以活动为主,强调主观体验,帮助学生融入课堂

大学生正处于自我认识和自我管理的能力较弱的时期,想要对他们进行心理健康辅导不能只讲道理、摆案例,这样的方式大多数学生都很难接受。传统的音乐欣赏课只停留在介绍和聆听,乐曲虽好,但缺乏互动参与。若在课堂上设计有趣味性的音乐体验活动,例如在播放一段音乐时,让学生用左右手相互配合,根据老师给出的口诀,学习配合音乐简单地打节奏。通过类似的团体训练活动帮助学生在轻松的氛围中进行主动的参与和体验,那么既能减少学生对于"课堂说教"的抵触情绪,也降低了在学习过程中的紧张感、压力感,使他们可以更自然地展现自己的特长与优势,体会在课堂活动过程中带来的体验和认识。

(二)开展合唱训练,创设学生互动学习,加强信任合作

处在同一年龄阶段的大学生遇到的问题和困惑往往十分相似,而预防大学生出现心理健康问题的重要手段之一是同伴的关心和帮助。相比老师与学生、家长与学生,同龄学生之间更容易进行心灵的沟通,他们也更渴望得到身边同学的接纳与信任。现如今合唱艺术已经与流行音乐、新音乐打成一片,成为年轻人喜爱的音乐类型。音乐欣赏课中正好可以给学生开展合唱训练的机会,一方面让学生接触、了解不同类型的音乐作品,开阔眼界,提升欣赏水平;另一方面通过集体合唱训练能增强同学之间的集体荣誉感和归属感。在学习合唱的过程中既需要同学之间相互交流、相

互帮助，也需要他们相互配合、相互信任。因此，开展合唱训练能较好地促进学生之间形成良好、积极、健康的心理状态。

（三）丰富教学内容，鼓励学生主动展示

促进大学生心理健康发展包括方方面面，其中除了发展自我意识、情绪调控、人际交往等还包括学习潜能的开发。科学研究表明，人的大脑两半球有一定的分工，左半球执行着言语和抽象思维的功能，称为优势半球；但右半球的功能与空间位置、形状、音乐及情感等方面的信息有关，在生活中也有重要意义。音乐虽不能表达明确的思想，但它对称的结构、起伏的旋律、张弛的节奏都能对人的感官产生直接的刺激，让大脑及神经系统放松或兴奋，帮助想象力的开发。课堂上可以通过用色彩与音乐、音乐的情绪、音乐冥想等方式充分调动学生的视觉、听觉、触觉、嗅觉，鼓励学生在小组和班级里分享自己的体验与感受。在学习的过程中学生从被动听，到主动展示，不仅能提高学习效率和记忆力，还能锻炼自己的心理素质，提升心理健康水平。

（四）适时引导，为学生的成长保驾护航

课堂活动就是善意的"圈套"，它把学生引入其中，让他们不知不觉地获得成长。在学习的过程中绝不是一帆风顺的，学生可能会遇到各种各样的问题，有的学生对于音乐及艺术感兴趣，但认识较浅，了解范围仅限于流行音乐或街舞；有的学生一开始就认为自己五音不全，对于音乐学习有自卑和抗拒的心理，这时老师需要及时了解学生的心理状态，根据不同学生的情况给予适当的引导。因此教师必须掌握教育学、心理学以及专业知识，根据大学生身心发展规律有的放矢地开展教学活动，关注学生的成长动态，在教学时耐心地辅导学生，帮助他们克服心理障碍，助力他们健康成长。

音乐教育对大学生的心理健康起着重要作用，也是提高素质教育不可或缺的重要内容。聆听音乐、感受音乐、分析音乐、记忆音乐、评价与鉴赏音乐不仅是在激发学生学习兴趣，开阔学生视野胸襟，更是在丰富学生的精神世界，开发学生潜能，提升学生的心理素质。只要坚持科学的教育思想，遵循学生心理发展规律，采取正确的教学手段，将音乐教育与心理健康教育有机结合起来，能有针对性地帮助学生心理健康发展，为促进大学生心理健康贡献一份力量。

第三节　大学生活动中心实施心理健康教育

大学生是国家的未来。俗话说："少年强，则国强。"所以，在大学生的成长阶段，成绩的优异与否已经不是学生成长时期的主流了。学校及家长关注的重点，是学生

的心理健康与否。而且,出现的很多案例也说明了对学生心理健康教育的重要性。基于此,本节就对大学生活动中心实施心理健康教育做出简单的分析和阐述。

随着时代的发展,国家对学生的教育也投入很大的精力。除了要保证学生的学习成绩以外,还要重视对学生的心理健康的建设。并且高校要在对学生的教育期间,多组织学生进行一些大学生的心理健康活动。这样才能全方面地对学生的心理健康教育起到一定的效果。而且,现在的社会讲究的就是素质教育,因此,为了保证学生的全面发展,那么就应该对学生的心理健康教育引起高度的重视。

一、事例说明对学生心理健康教育的重要性

在现实生活中,有很多案件主人公都是学生。未成年的学生也有,上大学的学生也有。在看到这些令人痛心的新闻时,人们的第一反应就是,"上学的时候,学生都学了什么?怎么考了这么好的大学,成绩这么优异还能干出这种事情呢?"所以,这也就证明了,大部分的家长都会觉得,只要学生的学习成绩优异,那么学生的其他方面也一定很优异。

实则不然,放眼整个社会中,有很多优秀的人,成绩优异,事业有成。但是,这些人还是会做出错误的事情,这证明他们的心理是不健康的。举例说明:2017年最火的"江歌案件"。凶手陈世峰身为日本留学生,这个身份就足以证明他的成绩最起码是很优秀的,而且,陈世峰所学的专业还是汉语专业。这证明他的文化底蕴还是很深厚的。但是,为什么他还是能做出这样伤天害理的事情呢?通过调查他身边的人,大家对他的评价是:虽然长得一表人才,看起来也很温柔,也很会与人相处,但是一涉及自身的利益关系,他就会变得很凶。甚至调查他的前女友,前女友也表示,两个人发生争吵,陈世峰会动手打人,而且是属于报复行为。

这就完全说明了,陈世峰的心理是有点扭曲的。在他的认知里,他不允许别人伤害自己,但是自己可以伤害别人。所以一个人的心理健康与否,成绩是做不出保证的。而且一个人的外貌也是无法做出保证的。

所以,这些类似相关的案例的证明,都足够让我们提起对学生的心理健康的重视。在学生未成年之前,就做好对其心理健康的建设。从而保证学生的未来能有一个更好的发展。因此,在对大学生的教学过程中,一定要高度重视对学生的心理健康教育,校方以及家长应该多带领学生去一些大学生活动中心,才能保证从根本上让学生感受到学习心理健康教育的重要性。

二、对学生心理健康教育的具体措施

其实在教育部门提出对学生心理健康教育的时候,我们学校就已经积极地响应了教育部门的号召。而且,为了保证对学生的心理健康的教育实施,我们学校分别在2017年和2018年,组织了很多比赛和活动。

2017年,我们为了丰富学生的课余生活以及拉近老师和学生、家长和孩子之间的距离,举办了风筝大赛和益智器具比赛,并且邀请了所在社区的党员带领学生进行了入党誓词的活动以及重温红色教育。其目的就是在学生的心里打下坚实的基础。牢记革命前辈为我们现在美好生活的付出和洒下的热血。

2018年,我们学校还接待了工农分局禁毒大队和社区的参观,对学生进行禁毒教育。为学生普及毒品的危害以及让学生学习到各种可以保护自己的技能和方法。学生是我们的未来,是祖国的花朵。我们身为老师不能保护他们一辈子,但是可以教他们保护自己的方式。

而且,学生在老师的心里,除了是学生的身份之外,更像自己的孩子。与我们朝夕相处。因此,教育学生就像教育自己的孩子一样,用心且尽力。传授他知识的同时,还要关注他的心理变化和心理健康。为学生的未来更好地负责和做出保障。

三、大学生活动中心存在的意义

从当今的社会发展来看,教育从质量教育变成了素质教育。而社会也慢慢地变成了素质社会。除了在学校对学生进行心理活动,设立相应的活动机构也是必要的。而且,随着时代的发展,越来越多的问题会慢慢浮现,应及早对学生不健康的心理进行预防,从而杜绝危险事情的发生。

所以,大学生活动中心的设立,就是为了给学生提供一个活动和学习的区域。而且,在大学生活动中心,学生可以学习和接触到课本之外的知识和内容。更能够全面地对学生进行心理辅导。更重要的是,在大学生活动中,大学生可以在社区参加各种积极向上的活动,这是学校方面做不到的。而大学生活动中心建设的意义就是为大学生打造属于他们自己的天地。学生可以在这里释放自己,学习新的知识和内容,与此同时还能培养自己的优良习惯和生活能力。

所以,大学生活动中心的创立,起到的作用和意义都是积极向上的。他们能更好地了解学生的内心,向学生普及更多适合他们的学习方式或者心理知识。这都是为了帮助学生在未来和以后的生活中,积极正确且健康地生活和成长。

综上所述,在大学生成长的阶段,不应该过多地重视学生的学习成绩。一个人的优异,不仅仅是成绩还有素质和心理。一个人的全面发展,就是要对学生的内在和外在都要重视。而且,现在社会发展速度飞快,网络技术发达。大学生的适应能力又不够好。所以,在教育的过程中,一定要重视到学生的各个细节方面。而心理健康问题,更值得老师和家长的关注。并且在教育的过程中,一定要结合社会各个方面的资源和能力,从而为国家培养出心理健康、十全十美的人才和栋梁。

第四节　案例法介入大学生心理健康教育

为更好地提高大学生心理健康教育实效,本节理论阐释与案例分析相结合,分析了案例法的内涵和特点,重点分析了在大学生心理健康教育中的应用策略,切实丰富学生的心理健康知识,提高学生对有关心理健康问题的认识,增强他们的自我调试能力,促进学生形成良好的心理品质,塑造健全的人格,操作性强,效果好。

自20世纪80年代中期始,我国中小学相继开展心理健康教育,将心理健康教育纳入工作计划,并启动心理健康教育的理论与实践研究。我国心理健康教育改革逐步深入,陆续提出了情景教学法、角色扮演法、体验教学法、案例分析法等一系列心理健康教育方法。本节结合笔者多年的教学实践,重点探讨案例分析法在大学生心理健康教育中的介入应用,以期更好地提高大学生的心理健康教育效果。

一、案例法的内涵阐释

19世纪80年代,哈佛大学首先提出了案例法,后被哈佛商学院用于更好地培养高级经理人才,提高商业精英的管理能力;又被许多公司借鉴,更好地提高员工的综合素质。今天,案例分析法已经成为各个企业对员工进行培训教育以及各类医疗卫生、教育教学研究活动中非常重要的教育培训方法。案例法最为突出的特点是结合学生实际,把抽象的教育理论、教育知识、教育技巧和现实案例有机结合起来,是学生分析讨论最为重要的依据,也是帮助学生更好地提高理论认识水平、增强实践应用能力的重要纽带。

从心理学的角度来看,案例又被称作个案,是社会生活中的一些个别现象或者事件,案例是对具体情境的真实客观描述。案例首先应具有真实性,必须来源于学生的生活实际,是学生生活当中确实发生,并且学生比较认可的一些事实,这些事实可能是某些学生的真实经历,或者是其他学生能够在生活中真切感受到的事件。其次,个案具有突出的典型性,虽然是某个学生或者某一事件,但是代表着生活中的一类现象或者问题,这个问题在学生生活中经常见到,在学生身上经常发生,可能是每一个学生在生活当中都会出现的问题。再次,案例还必须具有启发性,能够让学生从具体的案例分析中认识到相关的问题,透过现象事件更好地反映背后本质性、规律性的东西。让学生能够得到更多的启发,认识现象背后的本质特征,帮助学生更好地开拓思路,进而促进学生更好地学习相关理论和知识,真正让学生从思想上认识、从行为上改变,教给学生具体的思考问题、解决问题的办法。

二、大学生心理健康案例法介入的基本特征

案例法介入是对大学生进行心理健康教育非常有效的方法,能有效提高学生的心理健康水平,培养学生良好的人格修养,促进学生性格全面发展。案例法在心理健康教育中具有明确的目的性、突出的问题性、深刻的启发性、师生的互动性和较强的综合性。而在大学生心理健康教育中具有以下几个方面的明显特征。

问题突出。运用案例法对大学生进行心理健康教育,要给学生展现一个个非常鲜活的案例,每个案例都有特定的个人经历,而且是很常见的一些心理健康问题和行为问题,这些问题都具有非常突出的特点,所表现出的行为都具有明显的异常特点。引导学生进行心理健康学习就是从学生的学习和生活实际出发,让学生通过分析具体案例中所表现出来的非常明显的问题,通过分析探究找到各种问题的根源,分析这些异常行为背后的心理问题,让学生掌握相关的心理健康知识,帮助学生更好地进行自我心理调试,提高学生的分析和自我调节能力。

目的明确。案例法是一种非常有效的心理健康教育方法,教师为了更好地提高心理健康教育的效果,实现预定的教学目标,要对案例进行深入分析、精心选择,在编排和组织教学活动中,尤其是在具体实施过程中,围绕着学生所存在的心理健康问题,结合教学目标,通过具体的教学任务引导学生对相关的案例认真阅读、讨论思考、领悟总结。所选的案例具有典型性,能够针对学生的生活实际,结合学生的心理健康发展阶段特点和突出问题,对学生进行有针对性的分析指导,达到预期的教学目标。

启发深刻。案例法在大学生心理健康的介入教育,具有比较明显的启发性。每一个案例都要在教师的引导下给学生更好的启发,引导学生独立思考、深度分析,然后小组讨论。让学生在小组讨论过程中相互启发、相互促进,实现思维方式的灵活转变、思维方法和观点的碰撞,让学生获得更多的知识,不断拓展学生的思路,丰富学生分析和解决问题的方法和技巧,增强学生对相关知识的认识程度和领悟能力,从而不断提高学生对各种心理偏差的认知和分析能力。

互动性强。案例法不仅要对学生进行分析阐述,更为重要的是教师和学生能够

很好地结合案例进行有效的互动,让学生去更好地分析知识、发现问题。通过师生之间、学生之间的对话交流,让学生得到更多的启发,获得更多的共鸣,从而实现教学的共振,让学生在多元互动的学习氛围当中获得更多的心理健康知识,促进学生更好地针对问题进行思考,不断提高自我调节能力。

三、大学生心理健康教育案例法介入的步骤与要求

教师精心选择案例,确保学生真切体验。选择案例是对学生进行心理健康教育的前提,教师要针对学生的实际,围绕教学目标,整理更多的教学案例,从中选择最适合学生发展和能力提升的典型案例。比如,针对学生入校以后所表现出来的意志消沉、理想陨落、精神颓废等现象,给学生进行相关的心理健康教育,引导学生更好地守护心灵,重新燃起学习的热情、拼搏的斗志。

案例:小刘是一个让家长引以为豪、亲戚羡慕不已、同学嫉妒的好学生,有理想、有抱负、爱学习、有追求,希望依靠自己的辛勤拼搏考入理想的象牙塔,实现自己的大学梦。因此,为了考进名校,他辛勤刻苦、废寝忘食、专心致志,放弃了很多爱好,利用一切能够利用的时间学习,但还是感到自己比不上那几个优秀的学生,无论怎么努力,总是有一定的差距。于是,他开始怀疑自己,产生了自卑、嫉妒心理,甚至有了放弃理想的念头,渐渐心灰意冷,行为上开始放纵自己,偷偷抽烟、喝酒。

这些心理行为表现在学生当中经常会出现,也是很多学生在遭遇挫折时所采取的一些行为方式。这个案例就具有典型性、普遍性、真实性、代表性,很容易让学生获到思想上的认同,并且能够激发学生的学习兴趣,让学生能够针对各种问题去思考、去自我认知,提高学生的心理健康品质。

精心组织分析讨论,做好师生有效互动。对典型案例进行分析讨论是实施案例法心理教育的核心环节,做好这个环节应该设计好相关的问题。要为学生提供较好的话题,结合学生已有的知识,围绕学生的心理特点,针对要实现的教学目标,提出与学生心理和教学目标密切相关的并且富有启发性的问题,让学生合作交流讨论,并且能够和学生一起参与讨论,做好师生之间的互动。比如,为了让学生更好地了解人的情绪表现形式、学会自控,笔者通过多媒体播放动画,给学生介绍一个案例供学生感知分析。

案例:体育课篮球训练,小文与小夕发生了肢体碰撞,小夕生气地指责小文动作不规范、篮球技术差,让他立即下队。小文感到很难堪,一生气就跑了,跑了一段距离后原路返回,对着这位同学歇斯底里地大吼:你真没有修养、缺乏教养……并动起手来,经过其他同学竭力劝阻才平息下来。发泄了自己的愤怒之后,看到那位同学的

生气模样,小文有些许痛快。这些现象司空见惯,很多都发生在学生自己身上。接下来给学生提出问题,小文此时表现出来的是一种什么样的情绪?这样的心理和行为表现具有哪些特点?根据你的理解,你认为小明这样的表现合适吗?接下来就可以组织学生进行讨论。

这样,通过具体的案例给学生提出一定的问题,并针对问题组织学生进行合作交流,让学生站在不同的立场,从不同的角度进行分析,探讨事件背后的原因以及解决的措施,找出问题的根源。教师要鼓励他们根据自己的理解大胆思考、积极发言,并认真倾听学生所提出的各种问题和观点,尊重学生的观点和见解,针对学生所出现的问题或者偏离讨论主题的现象应该提出有针对性的引导策略,引导学生对问题进行深入的思考和讨论。

做好师生角色定位,认真做好总结评价。实施案例法教学,教师不能简单地灌输知识,而要给学生提供鲜活生动的案例,组织学生分析研讨,做好激励指引。学生不再是被动地接受老师的机械说教,而是成为积极参与互动研究的主体,结合自身实际认真研究,在实践中加深认识,以实际行动践行相关理论。教师引导学生分析讨论以后,应该给学生留出更多的时间和空间,让学生对问题进行深入的思考、探究和总结,形成自己的结论性认识。最后,教师要对学生进行总结性评价。

例如,教师在组织学生讨论小文的行为、心理以及应对策略之后,需要针对学生自由发表阶段所出现的各种观点和认识,进行针对性评价,允许学生提出不同的观点和认识。一方面能够很好地反映出学生的问题,实际上也是学生的心理表现,同时对相关现象进行深入的剖析和点评,对学生正确的认识加以肯定,对学生不同的方式思考方法加以赞扬。当然对学生所出现的问题以及不正确的现象或者认识应该加以纠正,并提出一定的见解,最后还要归纳总结补充有关的知识,再对学生进行方法和技能辅导,提高学生的心理健康质量,让学生能够在教师的总结和评价中受益更多,对案例的点评应该做到因势利导、层次清晰、合乎情理。

注重课堂有效延伸,确保学生能迁移提升。心理健康教育要能够通过具体的案例,帮助学生更好地掌握相关的心理健康知识,提高学生的心理健康分析能力,加强学生自身心理健康意识的培养,帮助学生更好地认识自己,善于分析自己的心理和他人的行为,掌握各种心理自我调试的技巧和方法,从而引导学生进行心理健康的自我调试,提升心理健康水平。因此,要想真正地提高学生的心理健康水平,必须在案例教学的过程中做好有效的拓展延伸,让学生将有关案例中学到的知识、分析方法应用到自己的生活和学习实践中去。

例如,体育课上发生一些肢体接触和碰撞是很正常的事情,每一个学生在体育课上都会遇到这种情况,现在设想事情就发生在你们身上,我们应该采取什么样的措施来应对?在我们身边也发生过类似的事情,他们是怎样处理的?如果你在旁边,你会是怎样的方式来帮助他解决这样的问题?这样能够把学生所学的有关知识进行有效的拓展和延伸,从而把知识和技能与社会生活实践有机统一起来,不断提高学生的分析和解决问题的能力。

明确教法实施原则,凸显教法教育作用。

(1)保护个人隐私。案例教学法的实施要遵循一定的原则,首先要保护好当事人的个人隐私。运用案例法开展心理健康教育,所选的各个典型案例都是真实案例,为了更具说服力,选择的很多案例就发生在学生身边,当事人有可能就是学生的同学,甚至就是在座的学生,很多情况会关系到学生的个人隐私,影响到学生的同学关系、心情等。因此,一定要保护好当事人的个人隐私,必要时还要争取当事人的理解和支持。

(2)设计情理相融。心理健康教育是一门科学,需要理性引导,同时又是情感因素非常重的学问,要想更好地得到学生的认可,需要给学生真实的情感体验。为此,在设计相关教学案例时要考虑情感因素的融入,给学生一个较好的情感体验,增强教学效果。

(3)选择兼顾正反面。很多心理健康教育都是针对学生心理健康上存在的不良问题,反面案例居多,能够引导学生更好地结合具体问题,认识分析和改进。事实上,适当穿插一些正面案例更有启发作用,为此,一定要结合学生的实际问题,案例选择兼顾正反性质。

在教学过程中,教师要认真研究学生的心理特点、年龄阶段,针对每一个学生的心理特点和行为表现采取有针对性的教学,切实丰富学生的心理健康知识,提高学生对有关心理健康问题的认识能力,增强他们的自我调试能力,促进学生形成良好的心理品质,塑造健全的人格。

第五节 大学生心理健康教育政策的经济环境

大学生心理健康教育政策受不同经济发展水平的影响,对其经济环境进行研究十分必要。大学生心理健康教育政策环境主要是指影响大学生心理健康教育政策实施的物质设施设备生产、分配、交换和消费的情况,以及资源、师资、专家、生产力发展水平、人们心理健康需求水平等内容。研究者提出了建立心理健康教育成本分担机制、专项经费机制和监管机制的建议。

历史唯物主义告诉我们,社会的经济基础决定上层建筑,上层建筑反作用于经济基础。任何一项教育政策的实施都需要经济保障,需要经济发展提供物质基础,否则就无法取得预期成效。作为教育政策的组成部分,大学生心理健康教育政策也是这样的,也需要经济发展所带来的足够的物质基础和保障。

我国心理健康教育事业可以借用赫尔曼·艾宾浩斯对心理学发展史的论断来形容——"心理学有着长久的过去,但是却只有很短的一段历史",我国心理健康教育事业有着一个漫长的历程,但大学生心理健康教育政策却只有很短的一段历史。教育部于1999年8月13日颁布了《关于加强中小学心理健康教育的若干意见》,被认定为我国大学生心理健康教育工作的一个里程碑。随后国家在《国务院关于基础教育改革与发展的决定》《中共中央办公厅、国务院办公厅关于适应新形势进一步加强和改进中小学德育工作的意见》《中共中央国务院关于进一步加强和改进未成年思想道德建设的若干意见》《国家中长期教育改革和发展规划纲要（2010—2020年）》等多个文件中都对加强心理健康教育有很长篇幅的说明和强调。《中小学心理健康教育指导纲要》及其升级版《中小学心理健康教育指导纲要（2012年修订）》更是当前指导与规范心理健康教育发展的"好声音"。其间,《教育部关于地震灾区中小学开展心理辅导与心理健康教育的通知》《教育部办公厅关于公布首批全国中小学心理健康教育示范区名单的通知》《教育部办公厅关于实施中小学心理健康教育特色学校争创计划的通知》等专业政策的出台,为完善学校心理健康教育政策系统发挥了各自作用,更为开展心理健康教育提供了标杆和榜样。

这些政策的实施、执行都离不开足额经费、充分的物质保障,否则就会寸步难行,无论这些经费、物质基础是隐性的投入还是显性的保障。一项好的心理健康教育政策并不在于它设想得有多么美好,也不在于制定者提出的预期目标有多么高,而是取决于这一政策的实施成本社会、政府、学校等政策实施主体是否可以承担。显而易见,对大学生心理健康教育政策的实施、执行,一旦超过经济发展水平的预算、投入,就无法达到预期目标,甚至会阻碍教育改革与发展。这就需要对心理健康教育政策所生存的经济环境进行必要分析。

一、大学生心理健康教育政策的经济环境

所谓经济环境是指对政策系统有重要影响的各种经济要素的总和,主要由社会生产力和社会关系的发展状况构成,包括生产力的结构、性质（科技发展、国民收入、资源分配等）和生产资料的所有制形式（个人所有、集体所有、国家所有等）。经济环

境是人类社会生活中最基本的环境。政策系统不可能超越经济环境所提供的条件和要求。只有正确地认识经济环境，才能有效制定和执行公共政策。教育政策运行的经济环境是指一定社会中影响教育政策运行的物质资料生产、分配、交换和消费的情况，以及资源、人口、生产力发展水平、人们生活水平等内容。参考这一定义，研究者试着对大学生心理健康教育政策经济环境进行定义。笔者以为，大学生心理健康教育政策经济环境主要是指影响大学生心理健康教育政策实施的物质设施设备生产、分配、交换和消费的情况，以及资源、师资、专家、生产力发展水平、人们心理健康需求水平等内容。它主要包括影响心理健康教育政策实施的经济发展水平与经费投入情况等。

党的十九大报告提出，十八大以来的五年，我国经济建设取得重大成就。发展理念、发展观念、发展方式、发展质量和发展效益都在不断提升。经济保持中高速增长，在世界主要国家中名列前茅。可以说，大学生心理健康教育政策实施、执行所处的经济发展水平是十分优越的。各级地方政府也非常重视，培育名师、设咨询室、开展活动，个体咨询与团体咨询结合开展，政府、社会与校园相向而行。教育部制定《中小学心理辅导室建设指南》就是重视心理健康教育的突出表现，为心理健康教育政策的执行提出了明确的物质要求。

二、需求经费投入：基于心理健康教育专业政策文本的分析

自1999年至2015年，主要有7个心理健康教育专业政策文本。就中小学生来说，开展心理健康教育、实施心理健康教育政策需要经济保障，开展心理健康专业师资培训、课程研发、心理咨询室建设，都与这些政策所处的经济环境无法分割、不能分离。这七个心理健康教育专业政策文本关于经费投入的内容分别如下。

1999年8月13日，由教育部颁布的《关于加强中小学心理健康教育的若干意见》要求，各级教育行政部门和学校要积极为心理健康教育创造必要的条件，大中城市具备条件的中学要逐步建立和完善心理咨询室（或心理辅导室）。除了教师辅导参考用书外，不要编印学生用教材，更不能要求学生统一购买教材。该文本要求大中城市具备条件的中学建立专业心理辅导部门，没有延伸到小学学段，没有从学生教材方面提出支持。这与当时的经济发展水平有着直接关系。

2002年8月，教育部颁布《中小学心理健康教育指导纲要》要求，要创设符合心理健康教育所要求的物质环境、人际环境、心理环境。统筹安排中小学专职心理辅导教师专业技术职务评聘工作。根据学校实际可以聘请一定数量的兼职教师或心理咨询人员。大中城市具备条件的中小学校要逐步建立和完善心理咨询室（或心理辅导

室),配备专职人员。严格遵循保密原则,谨慎使用心理测试量表或其他测试手段,不能强迫学生接受心理测试,禁止使用影响学生心理健康的仪器,如测谎仪、CT脑电仪等。该文本明确提出创设物质环境的要求,设立心理咨询室的要求从初中延伸到了小学,并对心理健康教育从业教师提出了评聘支持。

2008年7月23日,教育部下达《关于地震灾区中小学开展心理辅导与心理健康教育的通知》要求,灾区各级教育行政机构要有部门负责这项工作,并提供人财物的保障。这一文件是在"5·12"汶川特大地震发生下,为了让灾区中小学生更好地应对灾难带来的心理应激创伤,度过心理志愿服务应急期后的中小学如期开学而出台的。其对"提供人财物的保障"的要求为地震灾区的学生特别是如期开学提供了必要支持。

2012年11月22日,教育部下达的《关于推荐首批全国中小学心理健康教育示范区的通知》在"经费保障"上要求,行政区域内政府、教育行政部门有专款支持学校开展心理健康教育工作。行政区域内90%以上学校设置了心理健康教育辅导室等专门场所。该文本对中小学生心理健康教育的经费保障提出了要求,虽然没有提出资金额度、占比、出处,但这是教育行政部门第一次明确提出经费保障的要求。

2012年12月7日,教育部出台的《中小学心理健康教育指导纲要(2012年修订)》要求,加快制度建设、课程建设、心理辅导室建设和师资队伍建设。谨慎使用心理测试量表或其他测试手段,不能强迫学生接受心理测试,禁止使用可能损害学生心理健康的仪器,要防止心理健康教育医学化的倾向。大力开展心理健康教育教师培训。加强心理健康教育材料的管理。这个《纲要》是对2002年8月指导纲要时隔十年的修订,既是基于心理学、教育学等理论的不断发展,更是基于经济发展水平的变革。制度建设、课程建设、心理辅导室建设和师资队伍建设,以及心理测试量表、心理健康仪器研发,都离不开经济保障。这个文件把心理健康教育政策对经济基础、物质保障的要求渗透在字里行间。

2014年3月14日,教育部下达了《关于实施中小学心理健康教育特色学校争创计划的通知》,对争创心理健康教育特色学校的单位提出了"条件保障"要求,具体是:配齐配好老师;加强培养培训;保障教师待遇;加强阵地建设;加大经费投入。这五个条件均是指向经费、资金的,尤其是"加大经费投入"明确规定,设立心理健康教育专项经费,纳入学校年度经费预算,原则上每年学生人均心理健康教育经费不低于10元,保证心理健康教育工作的正常开展,这是首次对心理健康教育经费确定标准。

2015年7月29日,教育部出台的《中小学心理辅导室建设指南》中对"经费投入"

要求：学校应设立心理健康教育专项经费，纳入年度经费预算，保证心理辅导室工作正常开展。心理辅导室应免费为本校师生、家长提供心理辅导。这个文件的指导意义、实践意义、规范意义远远大于象征意义、号召意义，即便没有对经费标准提出要求，也对心理辅导室建设的"基本设置"提出了具体要求，从基层学校、基层教师的角度来说，这比表面上强调加大心理健康教育经费投入更具实效、更有应用价值。

对这七个专业政策文本进行梳理，发现我国政府在不断调整对大学生心理健康教育工作的经费措施，以确保经费投入。可以看出，我国大学生心理健康教育经费的来源主要是财政投入，社会投入较少参与。另外，除了特色学校争创计划中明确了经费保底额度、生均标准，其他的文本大都是通过对教师培训、仪器配备等方面实现经费投入，即使在心理辅导室建设指南中，也仅仅是提出要设立专项经费，都未明确提出经费额度、经费标准。这样一来，心理健康教育经费除了在创建心理健康教育特色学校中才有凸显外，其他都没有明确的政策刚性要求，可操作、可调控的空间比较大，不利于心理健康教育工作开展。

三、关于大学生心理健康教育经济环境的改进建议

第一，进一步明确大学生心理健康教育经费投入主体责任，建立合理的成本分担机制。综观各大学生心理健康教育专业政策文本，可以发现目前我国主要实行的是以政府财政为主体，学校、个人为辅的成本分担机制。但由于地区经济发展水平、经费投入主体重视程度、教师工资收入、素质教育政策执行力度等因素的不同，大学生心理健康教育政策的实施出现差别。建议根据地域的实际情况，制定富有弹性、科学合理的成本分担机制，鼓励吸纳各级各类社会单位、个人承担一定的心理健康教育成本。

第二，落实好大学生心理健康教育专项经费制度。建议在年度教育经费预算中，单独列出心理健康教育专项经费，遵循先有预算、后有支出的原则，严格执行预算，并确保专款专用、不得挪作他用。同时，对心理健康教育专项经费预算进行全过程动态监控，逐步建立健全预算绩效管理体系，增强心理健康教育经费预算执行的严肃性，提高心理健康教育经费预算执行的准确率。

第三，建立相应的监督机制，确保心理健康教育经费的每一分真正用到位。成立心理健康教育专项资金的监管机构，监督相关部门严格按照相关文件规定的比例与标准进行拨款。同时，协调审计部门或组织会计师事务所等第三方机构，对心理健康教育使用情况进行审计、监管，确保真正把心理健康教育经费的每一分钱都用在学生身心健康成长的刀刃上，切实提升心理健康教育质量。

第六节　希望感研究下的大学生心理健康教育

近些年来，积极心理学的研究取得了新进展。希望感的研究属于积极心理学研究的一项重要内容，其对大学生的心理健康和学业成绩等都产生着积极、正向的影响。同时，希望感的相关研究也为我国大学生心理健康教育拓展了新的研究视点。本节主要围绕希望感研究下的大学生心理健康教育路径进行研究，先分析希望感的内涵及其对大学生心理健康的意义，然后阐释基于希望感指导下的大学生心理健康教育的具体路径。

希望属于一种积极的心理品质，尤其对于处于心理发展关键期的大学生来说。希望感同大学生个体的学业、积极情感和健康等都存在着密切的关系。对希望感相关内容进行研究不仅利于提升大学生的希望感的层次和水平，而且还能使希望理论的价值和意义得到有效拓展。

一、希望感的内涵及其对大学生心理健康的意义

希望感的内涵分析。希望属于一种情感表现形式，同时还可将其看作健康认知发展的一大关键因素。通常意义上，我们可对希望进行如下界定，即在达成某一强烈愿望的过程中的一种具有持续性特点的信念，希望允许个体保持并践行朝向目标的行为。希望感属于人类的一种积极力量，其是积极心理学的重要构成和研究对象。

希望感对大学生心理健康的意义。作为一种积极、正向的力量，希望感能够对个体的心理健康起到很好的保护作用，同时还能帮助个体应对各种焦虑、压力等消极情绪。无论是成年个体还是大学生，其在工作、生活还是在学业上都在所难免地遇到一些不顺心的事情，有时甚至会陷入情绪的低谷。对于大学生而言，适当的希望感水平通常能够帮助个体以更好的心态进行心理适应性调整。这不仅能够促使其应对挫折的能力能到有效提升，而且还能够让大学生在遭遇挫折后依然认可自己，并且不丧失对未来的信心。同时，希望感还能适当地提升大学生的自我认可水平和自尊水平。由此可见，基于希望感的研究不仅利于大学生更好地应对消极情绪和各种压力，还对提升大学生的心理健康水平大有帮助。

二、基于希望感指导下的大学生心理健康教育的具体路径

培养大学生良好的心理素质。每一个大学生个体心理品质的塑造通常都同家庭教育存在着密切的关系。因而，作为大学生家长，应发挥好言传身教的示范性作用，

从小密切重视大学生的自尊自信品质的培养。同时，家长还应时刻关注大学生的情绪方面的发展变化。例如，很多大学生在青春期频频出现的焦虑抑郁情绪。也就是说，不能单纯地从衣食住行这些最基本的物质层面给其关注，尤为关键的，应密切关注大学生情绪方面的问题，绝对不能持以听之任之，顺其自然的态度。作为教育工作者，也不能仅仅关注大学生的学习成绩，还应将聚焦点放在日常对大学生优秀心理品质的培养方面，绝对不能在大学生出现心理问题之后才干预。

建立大学生个人的积极心理成长档案，强化正能量教育。根据希望理论观点，个体的动力思维和路径思维在其童年时期就已经基本形成，然后，又会在后期受到一些突发事件、情感等因素的影响。那么，要想更好地对大学生开展心理健康教育，首先就要对其心理健康的状况有更充分、深入的了解和认识。只有这样，才能使所开展的行动更具效果。建立大学生个人的积极心理成长档案就是对大学生个体的心理健康状况进行系统把握的一种非常有效的途径。2008年，中央教育科学研究所的孟万金教授就明确指出，每个个体都有积极的心理潜能和自我向上的成长能力，相应地，加强对大学生积极心理品质、积极情绪体验以及积极心态调整的挖掘并重视开发大学生的积极心理潜能有着极为关键的作用和意义。可见，进行积极心理研究的必要性已经得到了广泛的认可。但是，就目前来看，基于积极品质内容的个人心理档案的研究并没有受到充分的重视。尽管一些学者极力倡导采用建立个人心理档案这一策略来促进大学生的心理健康教育，但是依然需要密切关注的是，以往关于个人心理档案的研究大多都是将心理问题作为记录重点的，却在无形中对积极心理的记录有所忽略，并且，这些记录大多都是具有普适性的，有的并没有将大学生当作重点研究对象。那么，在建立心理成长档案时，应建立以培养大学生希望品质为导向的积极心理档案。具体进行操作的过程中，可采取对每个大学生个体初期固有心理特质进行记录的方式，有选择性地记录一些积极的心理案例和产生希望信念之类的事件，然后，在后期的各个不同年级段、各不同教师的参与下对希望心理档案进行及时补充，在此过程中，还应结合档案信息，有效引导并激发大学生的积极心理品质，使其能够在一种积极向上、正向鼓励的健康环境下快乐地成长。

综上，基于希望感的大学生心理健康教育属于一种具有前瞻性的心理健康教育视点，其对大学生的成长教育有着关键意义。但就目前来看，大学生希望感的研究有的仅停留在描述层面，缺失深入地实证考察及实际应用性的研究，针对这些现状，都有待于进一步深入和加强应用研究，并探索灵活多样的教育策略进行丰富和完善。如此才能切实提升大学生的希望感水平，逐步强化大学生的心理健康教育。

第七节　家庭教育对大学生心理健康的影响

　　父母是孩子的第一任老师,因此父母的教育对孩子的成长及发展具有重要的影响。在家庭教育中,家庭教育的方式对孩子的心理健康有着极为重要的影响,良好的家庭教育方式可以促进孩子心理朝着健康、积极的一方面发展。家庭是孩子的第一所学校,其中,父母扮演着重要的角色,因此父母的教育方式对大学生的人格发展具有很大的辅助作用。本节主要分析了现代社会角度下,家庭教育方式对大学生心理健康发展的影响,并且分析了中国式文化影响下的家庭教育对大学生心理发展的影响,进而提出了相应的针对性建议,希望通过本节的论述,可以帮助父母在家庭教育方面提供一定参考。

　　大学生群体的健康成长关系着整个社会的发展,并且随着年龄的成长,大学生群体也将成为支撑社会发展的一代群体,而大学生在青春期的心理敏感度较高,并且由于大学生处于人格塑造的时期,其心理变化更加复杂。在大学生成长的过程中,父母是督促大学生朝着健康方向发展的监督者,其教育方式和教育质量直接关系到大学生未来的心理成熟度。随着社会的发展,人们的心理健康受到越来越多的影响,并且在大学生成长的过程中,部分家长忙于工作,忽略了对孩子的陪伴和教育,使得大学生出现心理上的不健康,因此,良好的家庭教育对于大学生的发展和成长具有重要意义,当前普遍存在的家庭教育问题也亟须解决。

一、大学生心理健康发展现状

　　大学生正处于青春期,属于叛逆时期,因此父母更应该多倾听孩子的心声,在乎孩子的举动,关注孩子的心理健康发展。从大数据调查结果来看,部分大城市里的大学生具有较为严重的心理问题,并且具有心理问题的大学生占到全体大学生的30%以上,数据分析结果显示,在初中和高中阶段,随着年龄的增加,出现心理问题的大学生比例也在不断增加。根据中国科学院心理研究所的王极盛先生的调查,在一次针对7562名中学生的心理调查中,高达32%的学生存在不同程度的心理问题,并且随着年龄的增加,学生的学习强度和父母期望值也在不断上升,而本身的心理需求又得不到满足,因此更容易产生心理问题。此外,这一部分存在心理问题的学生中,女生的心理问题比男生的心理问题更为严重。另一项分析结果显示,在存在心理问题的中学生中,30%左右的大学生的心理问题来源于学习方面,40%左右的大学生的心理问题来源于人际关系方面,另外30%的大学生的心理问题则来源于其他方面,因此,从我国大学生心理健康发展现状来看,我国大学生的心理健康现状不容乐观,并且这些心理问题对大学生的成长有着不同程度的负面作用,阻碍了大学生学习和生活的正常节奏,甚至可能导致部分大学生出现偏激行为,进而引发社会问题。

总而言之,大学生的心理健康发展对于大学生的身心成长具有重要影响,而在大学生心理健康发展的过程中,能够对大学生心理健康产生直接影响的就是家庭教育,并且家庭教育能够跟社会教育和学校教育产生密切联系,因此如果能够在大学生心理健康发展的过程中采取有效措施来改善家庭教育方式、提高家庭教育质量,可以促进大学生在德育、智育以及体育方面的全面发展,并且有效减少社会问题的发生。

二、不良家庭教育方式对大学生心理健康的影响

从家庭教育的角度来看,由于父母教育方式的不同,大学生也会产生不同的心理反应,一般来说,良好的、民主的教育方式会对大学生产生积极的促进作用,而压迫性质的教育方式则会进一步激发大学生的逆反心理,并且对大学生的心理健康发展起到消极作用。因此本节重点分析了不同的家庭教育方式对大学生心理健康产生的不同影响。

专制型教育方式对大学生心理健康的影响。顾名思义,专制型教育方式就是父母作为"皇帝"和"皇后",而孩子作为唯一的"太子"却没有任何选择权,父母居于高位,而孩子只能被动地接受父母的命令,父母并不重视与孩子的精神交流和精神沟通,也不去主动了解大学生的心理世界,并且采用此类教育方式的父母善用武力,一旦孩子出现任何不合父母意愿的行为,就会采取武力对待孩子,忽略了孩子的人格、心理和自尊,在这种家庭教育模式下,孩子性格内向,不善于向他人表达,并且长期封闭自己,容易产生抑郁症。此外,在专制型教育模式下成长的孩子,由于在童年时期受到父母的鞭笞,更容易形成逆来顺受的性格,即使在成年以后也会产生一定的体现,例如部分孩子在成年之后会产生斯德哥尔摩综合征,容易受到他人迫害并且会自主地维护加害者。在专制型的家庭教育模式下,部分逆反心理较强的大学生会采取各种方式来对抗父母的体罚,从而更加容易受到社会不良分子的影响而误入歧途,最终离家出走、流浪社会,甚至走上违法犯罪的道路。

总之,在专制型家庭教育方式下成长的孩子会出现两种极端,其中一种就是逆来顺受、极度自卑、懦弱、无所事事甚至患上斯德哥尔摩综合征,而另一种则是极端反抗、不受控制、行为偏激、心理扭曲乃至走上违法犯罪的道路。然而,需要注意的一点是,人作为个体具有异质性,因此,极少数的大学生在专制型家庭教育方式之下养

成了极度自律的生活习惯和学习习惯，并且具有极高的抗压能力，能够笑对学习、生活中遇到的各种问题，并且采取有效措施加以解决。

溺爱型家庭教育方式对大学生心理健康的影响。上文说了专制型家庭教育方式的影响，专制型教育模式会摧毁大部分大学生的心理健康，而溺爱型家庭教育方式也会对大学生的心理健康产生较大的不良影响，溺爱的教育方式带来的不良影响远高于专制型教育方式带来的不良影响。在实际的家庭教育中，部分父母认为孩子是家庭的唯一希望，因此出于对孩子的疼爱，对孩子的要求百般答应，甚至认为自己的孩子就应该享受到最好的事物，殊不知忽略了孩子的独立意识的养成。此外，溺爱型家庭教育方式在教育的过程中忽略了对孩子吃苦意识、动手能力以及竞争意识的培养，随着孩子年龄的增加，面临的竞争也越来越大，因此这类孩子在面临激烈的社会竞争的时候往往会选择逃避，并且在生存方面的能力并不出众。长期的溺爱型家庭教育方式会使得孩子只知道接受爱而不会付出爱，并且只知道让家长为自己服务，而不会懂得孝顺家长，并没有让大学生养成责任意识。此外，在溺爱型家庭教育模式下成长的孩子会在需求得不到满足的时候采取一些不道德的途径来获取自己所需要的东西。

总而言之，在溺爱型家庭教育方式下成长的孩子容易表现出幼稚、依赖、自私、任性、懦弱的行为特征，并且容易受到他人的指责，失去正常的个性，在溺爱型家庭教育模式下成长的孩子需要更多的指点以及教训，并且由于长期处于溺爱的教育模式下，缺少开拓精神和锐意进取的探索改革精神，其智力发展也受到一定影响，学不会承担社会责任，善于逃避。

保护型家庭教育方式对大学生心理健康的影响。保护型家庭教育方式具有较为明显的双面性，其有利的一面是可以帮助孩子养成关心他人、体贴他人的意识，并且能够让孩子感受到爱的乐趣，能够有效降低大学生的攻击性，因此可以避免孩子误入歧途，从而帮助孩子健康成长，然而，保护型家庭教育模式也带来了一些不良影响，主要表现为大学生的自我保护意识不强，并且由于长期处于父母的保护之下，孩子的自我判断能力容易出现偏差，极其容易受到父母的影响，例如"妈宝男"就是最为明显的例子之一。此外，保护型家庭教育模式下成长的孩子普遍缺乏竞争意识和进取精神，并且生活欲望较低，缺乏对社会行为的辨别能力，即使发生意外事件也无法对意外事件作出及时的反应，对紧急事件的应变能力较低。此外，在保护型家庭教育模式下成长的孩子过分依赖家长，缺乏足够的生活自理能力，甚至出现剥鸡蛋都不会的个例。

总的来说，在保护型家庭教育模式下成长的孩子更加容易爱别人并且更加容易接受别人的爱，并且不容易受到不良分子的影响，但是在此类家庭教育模式下成长的孩子缺乏主见，容易受到父母的影响，并且性格脆弱、依赖性较强，容易受到较强的挫折，缺少足够的社会适应能力，缺乏创造力和想象力。

放任型家庭教育模式对大学生心理健康的影响。放任型家庭教育模式是当今社会中较为常见的一种教育模式，其中，留守儿童就属于放任型家庭教育模式的一种，由于长期远离父母，而祖父祖母的威慑力不足，因此孩子更加容易受到不良影响，从而走上邪路。一般而言，采用放任型家庭教育模式的父母认为孩子的成长是学校和教师的事情，自己只需要管好孩子的衣食住行就可以了，但是忽略了孩子心理的健康发展。此外，部分家长打着放养的旗号，实际上采用放任的教育措施，总是要求孩子自己养成规律的学习习惯和生活习惯，自己却不管不顾，影响孩子的正常发展。

一般来说，放任型家庭教育模式下成长的孩子普遍早熟，但是容易产生不安全感，对陌生人过于冷淡，并且在为人处世方面容易钻牛角尖，缺乏理想和追求，容易受到不良影响而误入歧途。在放任型家庭教育模式下成长的孩子也有个别例外现象，例如部分留守儿童成熟较早，并且学会承担孝顺长辈的责任，聪明能干、乖巧懂事。

三、不良家庭教育模式的成因

本段主要分析了四种不良家庭教育模式的成因，从文化、心理以及家庭关系角度进行了逐一分析。

导致专制型家庭教育模式产生的主要原因还是一些不良传统文化在作祟，一些父母受到"棍棒底下出孝子""父为子纲"等封建传统观念的影响，对自己的孩子进行打压式教育，使得孩子养成极端、扭曲的性格，此外，部分家长认为高压的教育模式更能磨炼孩子的毅力，却忽略了孩子的承受能力，导致孩子受不了父母的压迫而产生更强的逆反心理。

溺爱型家庭教育模式的成因主要是部分父母觉得应该把最好的给孩子，这一点固然没错，但是只给了孩子优厚的生活条件，而没有让孩子经历挫折，甚至部分家长帮助孩子完成家庭作业，使得孩子一遇到挫折就会求助于他人，丧失面对挫折的勇气。除此之外，部分祖辈的家长存在"隔代亲"的观念，更加溺爱自己的孙子孙女，导致孙子孙女在这种高压模式下无法有效养成独立、自主的性格。与溺爱型家庭教育模式类似的是保护型家庭教育模式，这种模式下的家长只让自己的孩子接触世界上的美好事物，甚至一些违法犯罪的新闻案件都不让孩子接触，导致孩子只是生活在童话世界里，而无法辨别现实世界里的各种事物，养成不健康的心理模式。

在放任型家庭教育模式下，家长往往忙于工作、经商或者娱乐，认为只需要给孩子优渥的物质条件就可以，但是忽略了孩子精神上的需求，因此容易导致孩子在心理发展的过程中出现问题，并且，放任型家庭教育模式下的家长容易推卸教育责任，导致孩子也会推脱责任，并不利于孩子养成健康的人格。

四、培养良好家庭教育模式的措施

为了使得家庭教育模式更加符合大学生的心理成长特点，本节对此进行了深入分析，从实际的教育现状出发，以合理期望、全面发展以及家庭氛围为出发点探讨了如何创造良好的家庭氛围，从而构建良好的家庭教育模式，进而引导大学生心理健康成长。

调整父母期望。当今的父母多为80后、90后，这一代父母已经不再抱有"多子多福"的生育观念，而是更加追求子女的质量，这属于积极转变，但是在这一观念转变的过程中，也出现了一些问题，现代父母普遍望子成龙、望女成凤，因此在孩子成长的过程中，给孩子报各种辅导机构或者兴趣班，因此无形之中加大孩子的压力，并且造成了孩子的心理障碍。因此，在教育孩子的过程中，应该适当调整父母期望，避免给孩子造成过大的心理压力。在这一过程中，家长应该从子女的实际出发，针对自己子女的实际情况采取相应的培养措施，绝不能照搬别人家长的教育模式，一定要根据子女的实际情况采取相应的措施，做到量力而行、循序渐进，以子女的发展意愿为依据，帮助孩子养成健康人格。

做到言传身教。父母是孩子的第一任教师，但是大多数父母在教育孩子的过程中仅仅做到了口头教育，例如，一些父母教育孩子遵守规则，但是自身在过马路的时候不走斑马线，无形之中就给孩子造成了一定程度上的不良影响。此外，家庭教育是孩子成长的基础，但是父母本身就没有做好作为父母的榜样，导致孩子跟着自身一起堕落。家长在教育孩子的过程中需要尽量做到言传身教，从而起到良好的教育作用。例如，让孩子认真学习，自己就可以去阅读报纸或者读书，从而给孩子树立一个学习的氛围和学习的榜样。

本节首先阐述了大学生心理健康发展的现状，进而对四种不良的家庭教育模式及其影响进行了简述，分析了四种不良家庭教育模式产生的原因和影响因素，最后提出了相应的建议，分别是调整父母期望和言传身教，希望通过本节的论述，可以为新生代父母提供一定的教育参考。

第八节　基于素质教育的大学生心理健康教育

心理健康教育是素质教育的重要内容之一,有助于大学生人格发展与健康成才。本节以素质教育维度,针对大学生心理健康教育问题进行探讨,以期为提升大学生心理健康教育实效建言。

大学生正处于青春期,此时期正是大学生形成正确人生观、价值观、世界观,以及培养良好道德品质、提高综合素质的关键时期,必须在教育实践中,加强心理健康教育。《国家中长期教育改革和发展规划纲要(2010—2020)》也强调,要提升学生综合素质,建立学生发展指导制度,加强对学生的理想、学业、心理和生涯等多方面指导。鉴于此,基于素质教育观念,研究大学生心理健康教育问题,从大学生实际心理素质状况出发,探寻大学生心理健康教育有效策略,将具有重要的理论与现实意义。

一、大学生心理健康教育概述

世界卫生组织(World Health Organization,WHO)指出,健康是生理、心理和社会幸福感的综合状态,而不仅仅是没有疾病。心理健康是包括主观幸福感、自我效能感、自主、能力、智力、情绪等,各心理机能作为整体的良好状态(WHO,2001)。2012年,我国教育部修订了《中小学心理健康教育指导纲要》,提出心理健康教育的重点是认识自我、学会学习、人际交往、情绪调适、升学择业以及生活和社会适应。因此,本节认为,大学生心理健康教育是指通过教育,使大学生热爱学习,并掌握学习方法,能在学习中获得成就感;对自我有恰当的认识和评价;有良好的人际关系,能够处理同伴关系、亲子关系、师生关系、异性关系;遵守社会规范,有良好的自理能力和生活习惯,能够适应社会生活;有情绪控制和情绪调节能力;能够探索自己的职业兴趣,对未来职业有所规划。

大学生心理健康教育对大学生的成长与发展具有十分重要的意义。首先,心理健康教育会影响大学生思想与品德方面的形成与发展,有利于大学生形成正确的价值观、人生观。其次,心理健康教育能够帮助大学生实现人格的健全与完善,促进大学生健康水平的提高。再次,心理健康教育能够开发大学生的心智潜能,通过情绪、心态、信念等方面的心理教育,充分开发大学生的心智潜能,促进大学生心理的健康发展。

二、当前大学生心理健康教育中存在的问题

第一，学业适应问题，由于课业负担过重与升学竞争过强，很多大学生难以适应学业的开展，出现考试焦虑情绪、厌学情绪、抗挫折能力差等方面的心理问题；第二，人际交往萎缩问题，现在的大学生基本为独生子女，他们从小娇生惯养，形成自我中心的孤僻性格，很难融入人际交往的过程之中；第三，情绪情感问题，这种心理问题的内在表征为恐惧，如心理症状的恐惧、社会评价的恐惧等，容易使大学生产生焦虑、敏感的情绪；第四，社会适应问题，大学生由于个性发展的不成熟与不完善，存在薄弱的意志力、较差的承受力、不稳定的情绪等各种个性发展问题，这使得大学生很难适应社会的发展；第五，性心理和网络心理问题。在网络发达的今天，越来越多的大学生沉迷于互联网、网络游戏、电子产品等，严重影响了他们正常的学习生活，对大学生的心理健康造成了严重的影响,甚至诱使其走上犯罪道路。

三、提高大学生心理健康教育水平的有效策略

加强学校心理健康服务体系建设。学校心理服务对象是全体学生，提高全体学生的心理健康素质，以预防和促进发展为导向。心理健康服务需要以学生自身心理发展特点为基础，以学生的成长需要为出发点，提供适合学生发展需要的心理健康教育。第一，开设专门的心理健康教育课程，这是大学生心理健康教育的直接途径。建设丰富多元的心理健康教育课程，探索心理健康教育的长效机制。根据高中阶段学生思维发展达到辩证性思维水平且具有一定反思能力的特点，可以通过心理健康必修课、选修课和专题讲座，以及以体验和调适为主的心理健康辅导活动等多种形式，把课程和活动作为载体，进一步培养其自我反省能力，养成健康的自我反省方式，引导大学生客观地认识自我，调节情绪，适应学习生活和社会生活。第二，加强学校心理辅导室建设，开展心理辅导与心理咨询。学校心理辅导室以培养全面发展的人为目标，开展个体与团体心理辅导、心理咨询工作。对学生心理疾病进行诊断和咨询，挖掘学生的自身潜能，促进学生自我成长。另外，学校心理辅导室是学校心理健康教育的枢纽，以学生为服务对象，联结了学校、教师、家长，传播心理健康教育理念，为学生提供健康成长环境,实现家庭学校整合功能。

构建科学的大学生心理健康素质指标体系。我国以往使用的心理健康评价工具，以修订和借鉴国外测评量表为主，建立以我国大学生心理发展为基准，符合我国国情的心理健康指标体系和测评工具。可从积极心理学的视角，以面向全体学生为目标，探索大学生心理健康指标体系，例如，设置6个一级指标，涵盖学习、自我、人际

关系、社会适应、情绪调节和职业选择。在6个一级指标下，设18个二级指标，其中学习包括满足感、学习兴趣和专注力3个二级指标；自我分量表包括家庭自我和自我评价2个二级指标；人际关系分量表包括认同感、信任感、异性交往焦虑和异性沟通4个二级指标；社会适应包括社会规范、亲社会行为、自理能力和生活习惯4个二级指标；情绪调节包括情绪反思和情绪控制两个二级指标；职业选择包括职业信息搜索、职业兴趣探索和职业实践探索3个二级指标；最后形成由87个项目组成的两级指标体系。

构建先进的教师心理健康教育观念。教师是大学生心理健康教育的主体之一，教师心理健康教育观念的构建，是有效开展大学生心理健康教育的前提与基础。一方面，学校可以通过培训、讲座等多种活动来提高教师的心理健康观念，引导教师深入认识到心理健康对大学生心灵成长的重要性；另一方面，倡导教师"心理保健师"的新型身份，即教师要时刻关注大学生的心理发展状况，及时发现大学生出现的心理问题，采取有效的针对性措施解决大学生的心理问题。

综上所述，大学生时期正是人生观、世界观和价值观的形成阶段，身体机能和心理快速发展，具有很强的可塑性。为提高大学生的综合素质，必须加强心理健康教育，引导学生形成健康的心理，从而为国家和社会培养出具有社会生活适应能力、创造能力和幸福感的大学生。

第三章 大学生积极心理学教育

第一节 积极心理学与大学生心理健康教育

积极心理学是心理学领域发展的重要突破,它强调了人类积极性格的塑造和作用,主张普通人建立积极的心态,以促进个人的进步和发展,为社会和谐发展作出贡献。积极心理学从研究原则上重视人的积极品质,避免了心理研究总是趋于负面问题讨论的传统思路,使心理研究能够为普通人的积极健康和生活服务。因此在大学心理健康教育中,积极心理学显示出其独特的优势和特点。

一、积极心理学在大学生心健康教育中推广的意义

在当前的大学心理健康教育中,仍然以传统的心理疾病预防和矫正为主要的教学目的。一方面造成学生对心理健康教育形成抵触情绪,另一方面不利于心理健康教育的广泛开展。而积极心理学对于普通学生有着一定的教育和宣传价值,对于促进全体学生积极健康心理的培养具有重要意义。

(1)积极心理学为大学心理健康教育重新设定了目标。普通个体在学习和生活中,即使心理健康上没有出现明显的问题,但是其他方面的原因可能导致学生的意志和心理长期消沉,对于其学习和发展造成不利的影响。而传统的心理教育没有对相关的问题进行充分的重视和研究,导致大学心理健康教育存在不合理的问题。对此积极心理学主张对于普通人应建立积极预防的心理健康教育体系,促使学生在正常生活中感受自身的价值,促进学生积极心理的培养,使学生能够主动挖掘自身的闪光点和潜力,促进学生综合素质的提高和发展。

(2)积极心理学充实了高校心理教育的内容。在传统的大学心理及健康教育中,学校和教师关注的重点都是心理可能存在异常的学生,导致学校的心理健康教育无法对其他多数学生造成约束和影响。积极心理学增加了心理健康教育的目标和途径,促使学校的心理健康教育关注的学生群体更加多样和全面,促进所有学生积极心理和健康生活方式的养成,为学校的心理教育拓展了教学目标和教学内容,使高校的心理健康教育能够更有效地施行。

（3）积极心理学是大学心理健康教育的创新。在传统的心理健康评价体系中，往往注重对学生负面情绪和心理的排查和调节工作，导致学生可能受到教学内容长期的暗示和影响，在心理上出现波动和变化。积极心理学创新性地提出为全体学生树立积极的心理观念，促使学生接触到的心理教育内容更加多元，有效克服负面情绪，使自身的心理健康状态得到提升。

二、积极心理学在大学心理健康教育中的应用策略

（1）增加学生在积极心理上的体验。人的心理容易受到周围环境和其他人的行为的影响而产生微妙的变化。对此，在大学心理健康教育中，教师应该充分运用心理暗示这一特点，增加学生的积极心理体验，以促进学生在心理上保持积极主动。例如在课堂教学中，教师要多举一些积极的生活实例，保持课堂氛围的轻松愉快，促进师生之间的平等和尊重等，使学生能够获得轻松愉快的学习体验，并为学生的积极学习和生活提供动力和帮助。除了心理和行为上的暗示，教师还应该教会学生有效克服心理消沉的方法，消除学生内心的焦虑，减轻学生的心理压力，促使学生以积极的方式调节自身的负面情绪。

（2）通过高校环境对学生的心理状态进行调节和暗示。学生的心理状态和周遭的生活大环境有着密切的联系，因此学校和教师应该注意对教学环境的构建，促使学生在大环境中保持积极进取的态度。此外，学生较高的环境适应性也是其心理调节能力的重要体现，对此学校要对刚入校的学生给予特别的关注和引导，促进新生养成积极的学习和生活心态，为学生在学校的长期积极发展奠定基础。在高校生活中，集体主义文化是学生必须面对的问题，一些学生乐于在集体活动找到自身的价值和定位，从而保持积极的心理状态。部分学生则可能对集体活动保有抵触情绪，在活动中感到不自然，使自身的学习和生活更加焦虑。对此学校和教师应该谨慎制订集体活动计划，使不同的学生在活动中找准自身的定位，在校园活动中保持积极的心态。为了提升大学环境对学生心理的暗示和影响力，学校和教师可以以下几方面进行参考。例如通过营造积极的校园文化对学生的心理进行影响，促使学生不断正视自身的状态，控制和培养自身的情绪。其还可以促进学生和校园、社会、家庭等多元环境保持密切的联系，使学生能够在不同的环境中实现对自身情绪的及时改变和调节，使学生的学习压力和焦虑得到及时的宣泄，提升学生积极的情感体验和自控能力。

积极心理学对大学生心理健康教育有着重要的影响，一方面其改变了传统的教学思路，另一方面也改变了教学的具体内容和目的。对此学校和教师应该对大学心

理健康教育进行更详细的研究,促进相关教学质量和效率的提升,促进学生健康心理的培养和发展。

第二节 基于积极心理学的大学生心理品质培养体系的构建

积极心理学作为心理学科中的分支,主要从积极的角度来深入探究人们的心理健康情况,当前已经成为心理学主要的发展趋势。从积极心理学的角度出发,如何研究大学生群体的心理健康情况也有了新的方向,将传统模式中针对大学生心理问题实施的主动干预逐步调整为通过积极心理疏导的模式。本节就基于当前积极心理学的发展情况,深入探究大学生群体的心理健康情况,提出构建大学生积极心理的培养方案。

随着教育水平的不断提高,越来越多的高校将目光转移到学生的心理教育之上。如何有效地引导大学生构建起积极的心理体系,不管是对于高校培育高素质人才,还是对于学生自身的心理发展甚至是社会的发展都具有实际意义。积极的心理素质能够经由后天培养而来,经过不断的训练可以让大学生逐步构建起积极的情绪管理体系、认知评定体系以及积极的行为管控体系。将积极心理学有关的理论知识添加到高校大学生心理教育之中,能够突破原有的心理教育模式,解决消极干预的问题,确保大学生能够培养起优秀的心理素质体系,真正达成大学生心理教育的目标。

一、积极心理学的基本内容

(一)研究积极情绪

积极心理学主要研究积极的心理情绪在人们日常生活中发挥的效用。从积极心理学角度来说,消极的心理态度可以看作是人们面对外界危险构建起的第一道警戒线,会将人们带入战斗状态,由此来打破或远离危机。反观积极的心理态度,则会拓展人们的眼界,提高自身对外界的包容程度以及自身的创造水平,能够让人们拥有更加健康的体魄,获取更加优质的人际交流,例如说兴趣的产生会引发探索全新信息的动力,同时也会让人们产生向前发展的期望;满意的产生会让人们认可当前的生活环境,同时还会将此环境同自身和社会中的全新论点进行有机融合;自豪的产生会让人们渴望将此情绪同他人分享并期望在未来谋求更大的成功;爱的产生会让人们出现同爱的对象一起生活并探索全新世界的想法。

（二）研究积极人格特质

积极的人格特质作为积极心理学中最为基础的部分。在积极心理学之中，主要探究了多达24种积极的人格特质，其中涵盖乐观、自信、成熟的防御体系等。而最为核心的特质有勇敢、仁爱、智慧、正义、节制以及精神卓越等。在积极心理学当中，将幸福的产生归结为人们可以找寻出自身的优点和积极的人格特质，同时还可以在日常生活中展现出来。

（三）研究积极组织系统

积极心理学之中也将主要的研究方向集中在社会文化背景方面，认为社会文化背景同心理素质、人格特质、创造水平、情感态度以及心理治疗有着密切关系。一个积极的组织体系包含积极的子系统，其中积极的小系统涵盖稳定的社区关系、高度负责的社交媒体、良好的家庭环境以及教育水平较高的学校；而积极的大系统则包含民众具有的责任意识、道德水平等。积极心理学当中还探究了产生天才的外部条件、创造水平发展同人们幸福生活指数的关系。

二、构建大学生积极心理品质培养体系

（一）培养学生积极的情绪体验

积极心理学当中一个主要的研究方向便是积极的情绪体验，主要将能够引发个体出现接近性行为或者行为趋势的情绪都划归为积极情绪，表现为个体对过去回忆的满足并幸福的享受现在，同时对未来具有乐观期望的心理状态。(1)培养大学生群体的主观幸福感，哈佛大学的导师沙哈尔就提出幸福的产生应当是快乐同意义的深度融合。使得学生可以在日常活动中找寻幸福，享受幸福，分享幸福，最为核心的便是在普通生活中挖掘出生活的意义。(2)强化大学生对于自身情感态度的调节水平。著名的心理学者Gross在发表的情绪调节理论中就着重强调了外部环境对个体心理产生的影响，同时也对环境选择、情境调整给出指导方案。因此大学生应当主动去营造能够引起积极情绪的外部环境。(3)认知作为个体情绪体验中相当关键的要素，差异化的个体在应对相同的环境刺激时，即使认知能力相同也会出现不一样的情绪体验。

（二）培养学生积极的人格特质

积极心理学的目标主要是探究并培养个体的人格特质和积极的心理素质。(1)训练学生构建起积极的思维方式，树立积极的心理品质。将积极心理特质的养成提高到比消极心理特质在应对困难时更加核心的位置,整体来看属于一种逆向思考的模式。从相互的讨论交流中培育起积极向上的思维模式,潜移默化地让学生将优秀的人格特质划入自身心理体系之中。(2)从三观等方面专门培育学生积极的心理特质,例如在培养积极的价值观时,学校可以组织相关的性格活动,清晰地将性格特质进行分类并确定相应的性格词语,将其制作成海报张贴在校园之中。此外还应当按时在校园通讯网络中讲解性格词语和对应的意义。教师和学生针对这些性格特质和实际应用进行探讨。(3)将"爱"作为起始点,培养并提升学生积极的心理素质,强化实践能力。可以利用感谢信或者爱心救援等活动来让学生树立积极的心理特质。

(三)构建积极的心理健康组织系统

积极的社会组织也是积极心理学中较为重要的一环,它不单单是培养人格特质的基础,还是个体出现积极体验的本源所在。积极的社会组织涵盖国家、企业、家庭以及学校等诸多方面,其在学校中主要发挥的作用为构建优质的教学氛围。根据有关研究结果可以发现:大学生获取认可和支持最多的渠道是来源于家人和朋友,而教师的认可普遍较少。积极心理学当中主要提出搭建积极的外部环境以及积极的组织体系,不仅包含积极的个人环境,还有积极的组织体系等,一个稳定的组织系统也是大学生心理健康发展的关键。(1)营造学生发展的积极环境,将个体、家庭、校园以及社会有效结合起来,构成多维的互动模式。(2)制定出从家庭到校园再到社会组织的学生培养方案,主要包括个体情感、内心独白、爱心互助以及成果分享等,并让学生同家人和老师进行良好沟通。(3)真正将学生互助组织的效用发挥出来,架构出班级—班委—宿舍—同乡等学生关系结构。(4)对于支持体系来说,最为核心的是校园心理咨询组织,其应当有效完成学生的心理引导并给予相应的咨询服务,确保学生可以获取高质量的心理辅导。

(四)积极的心理干预策略

积极心理学还主张制订行之有效的心理治疗方案,将积极心理学的核心理论作为基础,构建起具体的心理治疗方案,强调心理治疗过程中个体应当将注意力投入在养成积极心理特质方面,主要是让患者通过强化自身的积极心理素质来突破心理疾病的束缚,或者防止心理问题的发生。(1)在校园中建立危险防范体制,将班级中班委、舍长以及党员群体作为核心,构建起心理危机的报警体系,利用积极心理学中的基本理论,将学生亲朋好友的作用发挥出来,尤其是在心理危机警示方面发挥应有效果,主动关注个体的心理情况。(2)通过积极心理治疗的方案来完成心理咨询,比如说让个体尽可能享受美好的一天、完成祝福训练以及完成好事等活动。上述练习均需要个体深入思考并分析自身出现幸福情绪的事项,提高个体在面对积极事情的认知水平。(3)完成心理弹性的干预方案,它主要是建立在积极心理学之上,强化学生的心理弹性。可以有效调整学生的认知思维,并降低个体出现心理问题的概率。(4)发挥积极心理学辅导人员的作用,通过团队在情境之中的引领并辅助个体获取更加更加深入的心理体验。

综上所述,积极心理学作为心理学研究的新方向,它的工作目标体现了社会意义上的博爱和人性,是与人类发展的目标相一致的。我们深信,积极心理学理念指导下的大学生心理健康教育,将会极大提高大学生的心理健康水平,使他们过上更丰富、更有意义的生活。

第三节　基于积极心理学的大学生心理危机干预策略探究

以某高校心理普查中低年级到高年级大学生心理危机比例大幅提升的事实,反思当前大学生心理危机干预的问题与困境,从自身、家庭、学校和社会等层面全面、客观分析大学生心理危机问题的成因,力图构建基于积极心理学的大学生心理危机干预机制,为有效防止大学生极端心理危机事件的发生提供了创新思路。

随着社会的高速发展与进步,大学生心理问题呈快速增长趋势,各高校根据情况开展相应工作并建立多级防御机制,但实际效果并不理想。如何走出大学生心理危机的困境,基于积极心理的视角构建以培养积极心理品质为核心的心理危机防御机制能够有效推动培养大学生健康人格特质的教育进程,切实提高大学生应对心理危机的能力,有效防止大学生极端心理危机事件的发生。

一、大学生心理危机的现状及问题

心理危机是指个体在遇到突发事件或面临重大挫折和困难,当事人自己既不能回避又无法用自己的资源和应激方式来解决时所出现的心理反应。针对个体在危机状态出现的一系列负面情绪、生理、认知和行为反应,目前各高校按教育部要求成立专门的心理健康教育机构,配备专、兼职心理健康教师,对心理危机对象力图实现早发现、早干预的工作机制,但在实际操作过程中依然面临着许多困难和挑战。

(一)大学生心理危机现状调查情况

笔者使用SCL-90自评量表对某高校5295名大学生进行调查发现,一年级学生

1585人中心理异常人数为275人，占测试总人数的17.35%；二年级学生1389人中心理异常人数为265人，占测试总人数的19.08%；三年级学生2087人中心理异常人数为454人，占测试总人数的21.75%。存在心理问题的学生中，一年级学生最突出的症状依次为：强迫症状（40.50%）、人际关系敏感（36.50%）、焦虑（18.86%）、恐怖（16.59%）、其他（16.47%）；二年级学生最突出的症状依次为强迫症状（39.96%）、人际关系敏感（28.37%）、其他（21.31%）、焦虑（20.81%）、抑郁（19.01%）；三年级学生最突出的症状依次为强迫症状（43.65%）、人际关系敏感（31.34%）、其他（25.26%）、焦虑（24.77%）、抑郁（22.28%）。通过进一步分析发现，大学生普遍存在心理危机，三个年级的症状主要集中在强迫症状、人际关系敏感、焦虑、抑郁和其他等，且从低年级向高年级学生人数比例呈增长态势。

（二）大学生心理危机干预的问题与困境

1. 心理危机人数呈不减反增态势

从某高校心理测试结果中可以看出，心理危机人数和症状从低年级到高年级呈增长态势。现在各高校都非常重视对大学生心理危机的干预，新生进校后就开展心理健康普查筛选工作，对心理异常学生建立心理档案并持续跟进，然而，大学生的整体心理健康水平并未得到显著提高，反而出现了心理危机人数增长态势。

2. 过分关注个别学生及消极特质

以往大学生心理危机干预重点关注少数个别学生，主要服务对象为具有情绪困扰、行为失调、适应困难以及有自杀倾向的个体。为防止这类学生发生极端事件，往往把工作重心放在所谓问题学生身上，忽视对其他学生应有的关注与支持，然而，心理危机干预并没有抑制心理问题的滋长。

3. 心理危机干预机制流于形式

虽说各高校都做好了针对大学生心理危机的干预机制和预防措施，但基本处于消极被动、疲于应付的状态，好多后期跟踪都流于形式，没有真正起到对有心理问题学生的有力支持或援助，导致高校心理危机干预工作无法做到位。

4. 社会支持系统参与度较低

个体依靠自己的力量无法成功应对心理危机时，社会支持系统能够有效化解心理压力。大多数存在心理危机的学生普遍存在强迫症状、人际关系敏感、焦虑、抑郁等，大多数人都不善于主动寻求帮助。在缺乏必要的社会支持，得不到应有的帮助、关心和肯定时，必定会使学生在没有能力应对问题时产生更强烈的失败感，引发更严重的心理危机。

二、大学生心理危机的成因分析

随着社会转型与竞争的激烈,大学生心理危机日益凸显。面对问题和困难,很多大学生采取逃避的方式,上课玩手机、刷微信、沉迷于网络游戏,甚至逃学旷课成为填补空虚灵魂的寄托方式。要实现对危机对象早发现、早干预,必须深入研究大学生心理危机产生的成因,探索大学生心理危机干预的创新机制,使大学生在成长成才的路上健康发展。

(一)自身原因

从某高校心理测试数据中得知,大学生心理危机症状主要集中在强迫症状、人际关系敏感、焦虑、抑郁和其他等问题,调查反映出相当一部分学生出现网络成瘾、自控能力差、人际关系紧张、不懂换位思考等问题,遇到问题缺乏求助意识,又不愿经历改变的阵痛,极易产生心理危机。

(二)家庭原因

任何一场危机事件背后均隐藏着心理危机,失败的家庭教养让孩子错失建立规则与自律的最佳时机,特别是父母感情不和、父母离异、单亲家庭的孩子及留守儿童更容易产生冷漠、焦虑、抑郁、敌对、恐怖等消极情绪,缺乏安全感,容易陷入严重失衡的心理危机状态中。

(三)学校原因

目前高校的心理危机干预体系重点关注具有强迫症状、人际关系敏感、抑郁、焦虑等症状的少数个别群体,况且在实际操作中较难对其通过一两次心理辅导来达到促进人格塑造和心理潜能开发的咨询效果。由于大学生心理健康状态是个动态变化的过程,心理危机会出现越抓越多的状况,甚至衍变成心理障碍的推手。

(四)社会原因

通过某高校心理测试发现,因子分超过常模较突出的部分有三个:强迫症状、人际关系敏感、焦虑,这与价值观缺失、竞争压力过大、对未来考虑过多有直接关系。一旦情感和需求得不到满足,容易出现更严重的心理危机,甚至出现自残、自杀或伤害别人的行为,造成社会不稳定的诱因。

三、大学生心理危机干预的策略

从积极心理学的理论视角,把大学生心理健康教育课程与其他具有培育积极心理品质的课程整合到人才培养方案中，实现全员育人导师制贯穿人才培养全过程。充分利用家校合作的社会支持系统和大数据网络动态预警，构建对学生具有生命意义教育引导的多级预警防御机制，将关注重心更多倾向于培养具有积极乐观心理的学生，增强大学生心理危机的防御能力，努力寻求减少与化解大学生心理危机的策略，从而有效提升大学生心理危机干预的主动性和实效性。

（一）目标与定位

将心理危机干预重点放在心理健康群体和心理危机个体良好的心理状态方面，用积极的心态解读心理现象，激发其内在的积极力量和优秀品质，加强对学生具有生命意义的教育与引导，对学生进行健康人格特质的培养，从某种程度上增强学生的自信心、主观幸福感，帮助个体成长和自我实现，构建积极向上的育人环境，这也是心理危机干预的有效途径。

（二）内容与要求

把培养个体积极乐观的态度，塑造健康人格的内容体现在人才培养方案的课程体系和心理辅导中，激励人本身的积极因素，通过开发人的潜能，激发人积极的心理力量，让其学习方式和生活方式、思维方式都发生一定的变化，培育出个体积极的心理品质，让个体拥有健康平和的心理状态和合理的思维模式，促进大学生群体的身心愉悦和健康成长。

（三）方法与途径

1. 构建心理危机"四级"预警防御体系

为了能够及早预防，及时、有效地干预并快速控制心理危机突发事件，要建立健全学校心理中心、院系心理辅导站、班级心理委员、宿舍联络员四级预警防御体制。实施异常情况逐级汇报制度，完善应急处理预案，建立应急处理快速通道，形成信息搜集、评估、反馈、防治的心理危机干预机制，降低、减轻或消除可能出现的对他人和社会的危害。

2. 思政与心理危机干预联动的"三观"正向引导

世界观、人生观和价值观统称为"三观"。大学生处于塑造"三观"的关键时期，学校应充分利用思政课程贯穿所有学期的契机，加强对学生的"三观"教育，培养学生平和的心态、乐观的性格、坚毅的意志品质、豁达的人生态度与正确的自我归因，帮助危机中的个体走出困境，提高其心理健康水平，塑造健康人格，为他们的健康成长奠定坚实的思想基础。

3. 人才培养方案与全员育人课程整合的生命教育辅导

在大学生心理健康教育、大学生性与心理健康、大学生职业生涯规划、大学生安全教育、大学生思想政治教育等课程中加强对生命意义教育的引导，培养学生健康的人格。人才培养方案与全员育人导师制实现无间隙的课程整合，培养大学生积极的心理品质、积极的人格特质、积极的情绪体验和积极的生活态度，通过个体自身的积极力量来面对生活中的问题，提升个体心理健康水平。

4. 构建基于社会支持系统的家校共同体提升学生积极心理品质

良好的家庭、学校和社会环境能够提供积极的心理氛围，面对突发事件能够有效地引导学生积极乐观地面对挫折，帮助学生解决心理上的困惑和烦恼，从而激发自身内在的积极力量和优秀品质，有效预防心理危机的发生。

5. 捕捉基于大数据的心理危机信息网络动态预警

信息技术的普及和发达使电脑和手机变成大学生必需的学习和生活工具，学生在门禁系统、图书管理系统、食堂用餐管理系统、学生考勤系统、学生学籍管理系统、微信、微博、QQ、网络购物等活动中产生很多反映集个性、情绪变化的实时心理资料，这种方式提供了一种网络动态预警机制，为分析其是否需要进行心理危机干预提供更精确的依据。

总之，大学生心理危机干预中引入积极心理学，建构培育积极乐观态度和积极心理品质的心理危机干预机制能够有效防止大学生极端心理危机事件的发生，构建美好和谐的校园。

第四节　浅谈积极心理学视野下的大学生心理健康教育

目前，大多数教师在开展大学生心理健康教育中通常采用这样一种模式——介绍某一种心理问题，分析该问题的定义与危害，并总结克服该问题的方法，这明显偏离了激发学生积极心理素质的子目标。

一、积极心理学视野下的大学生心理健康教育优势

（一）拓展学生心理健康教育知识视野

开展积极心理学视野下的大学生心理健康教育，从正向角度激发学生的积极心理因素，有助于引导学生了解阳光心态和积极情绪，如乐观、自信、自律、内省、谦虚等，从而有效拓展学生心理健康教育知识视野。学生在学习积极心理因素的同时会逐步消除自身与心理健康教育课程的隔阂，将关注负面心理因素的倾向转移到激发

个人潜能与培养健康积极的心态领域。

（二）创新大学生心理健康教育方法

开展积极心理学视野下的大学生心理健康教育，有助于弥补传统教育模式的缺陷，创新大学生心理健康教育方法。目前，很多教师在开展积极心理学视野下的大学生心理健康教育过程中，为学生组织了各种有趣的体验活动，如"信任背摔"游戏、"安全防卫"游戏，从而有效培养了学生之间的信任感，增强了学生的安全意识和责任感。

（三）奠定社会人才教育基础

从发展视角来看，大学生心理健康教育属于一种长远性教育，塑造学生积极健康的心理素质有助于大学生实现个人价值，从而为培养社会发展所需要的人才奠定良好的基础。而且，积极心理学主张以人为本，提倡积极人性，强调关注人的积极心理因素，发展人的潜能。在这一系列主张的引导下，学生很容易形成积极健康的心态，步入就业岗位之后，他们能够积极应对各种压力与问题。

二、积极心理学视野下的大学生心理健康教育方案

（一）发挥积极心理因素，增强学生的自控能力

基于积极心理学视野，顺利开展大学生心理健康教育，教师应充分发挥与挖掘学生的积极心理因素，不断增强学生的自控能力。在教育过程中，教师应尊重学生的情趣爱好与个性天赋，引导学生在发挥个人优势的同时潜移默化地增强自控能力与自律意识，学会自省。此外，教师应注意进行必要的引导，告知学生：一个人自控能力的强弱体现在其有意识或者无意识地在日常活动中和工作中表现出的习惯上。所谓的"自控能力"特指一个人善于自我支配和自我调节的能力，它是个人对自身的心理和行为的主动掌握，是个体自觉地选择目标，在外界没有监督的情况下控制自己的行为，抑制冲动，抵制诱惑。这样有助于培养学生的自控能力，教导学生恪守规范与道德行为。

（二）引入故事，增加课堂活力

增加大学生心理健康教育乐趣，培养学生对该课程的学习兴趣，教师应注意创新教学方法，适当引入经典故事，以此增加课堂活力，让学生在快乐学习中形成良好的心态。例如，在解析"谦虚"这一美德的同时引入科学家爱因斯坦的故事，爱因斯坦曾经为一个夸奖他学识渊博的人画了一个小圆和一个大圆，接着说："在物理学这个

领域里可能我比你懂得知识略多一点,正如这个小圆。然而,物理知识是无边无际的,小圆的周长有限,与外界的接触面较小,而大圆与外界接触的周长大,所以会感到自己的未知东西更多,就会更加努力地去探索。"这个故事说明谦虚好学、虚怀若谷才能容纳真正的学问和真理,不断完善自我,获取成功。

(三)做好正面引导教育工作,完善心理健康教育评估体系

全面提升积极心理学视野下的大学生心理健康教育效果,教师应做好正面引导教育工作,引导学生树立自信心,逐步形成乐观、健康的心态。与此同时,教师应注意完善教学模式,努力实现心理健康教育多元化,促进该学科与其他学科的有机结合,从而有效提高教育效果。例如,促进心理辅导和文化教育工作以及德育工作的有机结合,以此培养学生健康的心理,提高学生的文化素养和品德修养,引导学生逐步形成正确的价值取向,将学生培养成有文化、有道德、有理想、有纪律的"四有公民"。此外,教师应重视完善心理健康教育评估体系,从微观层次来分析,大学生心理健康教育评估主要包括心理辅导教育、心理活动体验教育和心理辅导组织管理的综合评估。在评估过程中,教师应全面了解学生的具体问题与兴趣爱好,然后,针对具体问题予以疏导教育,根据学生的兴趣爱好正确地引导,发扬学生的优点与天赋。一个月之后,教师可以对学生进行心理测试,并根据测试结果,进一步完善大学生心理健康教育评估体系,以此提高学生的心理健康素质。同时,教师可以定期开展体验式心理活动,如"阳光心理活动""心理信箱""校园心语"等,引导学生自行创办关于大学生心理健康教育的墙报、画廊、手册与板报等,使学生在参与心理健康教育的同时逐步形成积极、乐观的心态,并针对体验式活动效果做好评估工作。

综上所述,做好积极心理学视野下的大学生心理健康教育工作,塑造学生积极、健康、乐观的心理品质,教师应充分发挥积极心理因素,增强学生的自控能力;适当引入有教育意义的故事,以此提升课堂活力;全面做好正面引导教育工作,不断完善心理健康教育评估体系。

第五节　积极心理学视角下的大学生心理健康教育探索

积极心理学这一概念最早出现在 20 世纪末的西方心理学界,从 80 年代开始,我国高校的心理学教育就开始运用这种教学方法。积极心理学视角下,应该注重人的人格培养和情感体验,大学生心理健康教育是为了及时矫正其心理问题,引导其走向正常的生活与学习道路,所以,将积极心理学引入大学生的心理学教育中十分

必要。

积极心理学兴起于20世纪80年代的美国。当时，美国兴起了以研究人的品质为目的的一场运动，一些美国心理学家将积极的心理因素如快乐、幸福、乐观等作为研究的切入点，将人的良好品格和积极的态度作为心理学的研究重点，这就是积极心理学兴起的背景。积极心理学的研究的创始人是美国当代著名的心理学家马丁·塞里格曼(Martin E.P.Seligman)，谢尔顿(Kennon M.Sheldon)和劳拉·金(Laura King)他们认为："积极心理学是致力于研究普通人的活力与美德的科学。积极心理学主张研究人类积极的品质，充分挖掘人固有的、潜在的、具有建设性的力量，促进个人和社会的发展，使人类走向幸福。"从某种程度上来讲，对人们行为有创造性的、积极的、满足的因素进行的研究就是积极心理学研究。

积极心理学的对立面并不是消极心理学，心理学本身的研究范畴就是一种偏中性的态度，与快乐与悲伤没有关系，积极心理学只不过是对消极心理学研究的一种补充，在传统的心理学研究领域，对消极的心理现象研究较多，但是，在现代社会中，人们的生活节奏越来越快，物质生活不断丰富，但精神世界却在逐渐空虚，心理问题不断涌现，人们更多地在追求精神上的幸福感以提高生活的质量，所以，在这种形式下，积极心理学的研究就显得尤为重要。从目前研究的范围来看，积极心理学的研究领域一般有三个方面：一是从个人的主观感受出发，研究他们主观意识中的幸福感、满足感，对过去和现在幸福的比较分析；二是研究个人能力，一般是个人的工作学习能力、看待问题、分析问题的能力、爱的能力以及对未来的洞察力等；三是从社会层面进行分析研究，人生活在社会中，要有积极的心理首先得建立积极的家庭、学校和社会环境，这样才能有助于人的健康发展。

一、积极心理学的特点

积极心理学主要是提倡人们要有积极的生活态度和心理状态，它关注人优秀的品质、健康的心态，从客观的角度研究人的优点，并能用客观的心态去看待遇到的问题，不断激发人类潜在的积极特质，赋予他们不断前进的动力，最终让他们感到幸福。在关注人类优秀品质的同时，人的价值和生存发展方向是关注的重点，它将心理学传统的关注重点转向积极的一面，体现出更多的人文色彩，不断提升人自身的价值所在。在研究的同时，科学的研究方法是积极心理学研究的重要手段，所以，科学性也是积极心理学的一个重要特点。

二、积极心理学的作用

在传统的认识过程中,心理学是针对心理有问题的人进行的研究,但这只是片面的看法,普通的人的心理也需要被关注,他们也需要更好的心理状态,积极心理学就具有积极的增进功能,它能够刺激人的兴奋状态,让人们不断被积极快乐的东西所吸引,从而不断培养幸福感和满足感,让人们生活得更加幸福和快乐。预防是心理学研究的一个重点,更是积极心理学关注的一个重点,心理疾病的产生正是因为疾病发展前期没有注意该问题导致病情的集中,所以预防心理疾病是关键,积极心理学的另一个作用就是有积极的预防作用,如果当时人了解积极心理学的内容,在遇到问题之前他就会想积极的一面,也能及时客观地解决问题,而不是一味消沉和抱怨,影响心理疾病的治愈。在出现心理问题之后,积极心理学有积极的治疗作用,它能够不断地培养病人树立乐观的生活观念,掌握人际交往的技巧,乐观地看待问题并冷静地处理,不抱怨过去,努力改变现状,积极地面对未来。在心理疾病诊疗的过程中,诊疗成功的患者大都是根据积极心理学的方法痊愈的,而且一般都没有后遗症。

三、我国大学生心理健康教育中的积极心理学研究现状

我国高校心理学专业对积极心理学的研究颇早,至今也有二三十年的时间,尤其是最近几年,随着高校对心理学的重视,积极心理学的研究也取得了很大的成果,在解决大学生心理问题上做出了突出的贡献。但是,即使研究有一定的成果,在现实大学校园中,仍然存在着很多问题,尤其是有心理疾病的大学生做出的一些恐怖行为给现在的积极心理学教育带来了考验。

(一)大学生心理健康教育的目标不一致

心理学是一门中性的学科,没有好坏之分,但是从我们认知的角度来看,心理学的研究范畴又分为积极心理学和消极心理学,消极心理学是在有了心理疾病之后对其进行治疗和干预,而积极心理学主要起到一个防范和引导的作用,为了让人们的心理呈现最佳状态,让人们的潜力不断得以开发,生活更加幸福。如今的高校心理学教育更加偏向于消极心理学的教育,目的是治疗已经存在的心理问题,这种心理学的教育方法直接忽视了学生的心理发展过程,对学生的心理需求不重视,缺乏积极的引导。

(二)大学生心理健康教育偏重医学研究

从我国高校开设心理学课程以来,在解决大学生心理问题方面取得了不小的成

就,对促进大学生的心理健康有一定的积极作用,但是因为传统心理学教学目标的问题,消极心理学成了心理学教育的重点,所以,高校教育者都将教学的重点偏向于问题心理的研究上,比如焦虑、忧郁、自卑等情况,教育的对象也是仅仅限制在有心理问题的学生身上,只是对他们出现的问题进行研究分析,不去过多地关注他们心理的发展过程和未来发展情况。在课程设置上,大部分高校的心理健康教育学都采取选修课的形式,或者以简单的讲座形式,在心理辅导过程中,也是个别的诊疗式方法,讲座内容多是针对消极心理问题展开,在讲授的过程中会渲染消极心理的危害性。心理学的教学体系也不够完善,没有完整科学的知识体系,这样势必会让教师和学生更多地关注消极的心理或者不健康的心理状态,而忽视了积极的心理因素,这种干预性的教学方式不利于学生心理的积极发展。消极心理学的教学模式直接否定了心理学的中性特质,忽视了人更需要的积极心理因素的引导,过多地注重医学层面上的"治疗",而忽视了对心理问题的预防和积极引导,积极的心理学更应该关注学生优秀品质的培养,而不是去改变现有的品质特征。

(三)大学生心理健康教育对象有限

目前,高校的心理学教育关注点在消极心理学方面,研究的理论基础也是消极的心理学,他们通常认为只有消除心理疾病就是健康的象征,但是从心理学的角度来看,仅仅是没有心理疾病并不代表就有健康的心理状态。所以,心理学教育过少地关注学生本身的心理状态,尤其是多数学生的心理现状。在具体的操作中,高校的心理健康教育很多情况下处于被动的状态,他们几乎不会主动去引导学生,而是等有问题的学生寻求帮助,再进行针对性的诊疗,这种单一性的救助方式并不能让学生具有主动解决心理问题的能力,他们更不知主动去寻找勇气、乐观、幸福等积极的因素的方法,大学心理健康教育学的局限性,使大多数学生并不能从中学到积极的东西,甚至出现了谈"虎"色变的地步。

(四)大学生心理健康教育学师资良莠不齐

目前,高校中心理健康教育学师资队伍良莠不齐。一个原因是教师数量不足。普通高校心理学教师的数量较少,而且专业的心理学教师更少,尤其是在一些工科院校更是如此,很多学校都让学生辅导员承担心理学的教学责任,在入职筛选中,他们会尽量选取有心理学和教育学背景的应聘者担任辅导员,但是这些教师在成为辅导员之后,由于工作大都比较繁重,所以还是有很少的人会关注每个学生的心理状况。另一个原因是高校的心理学教育处于一种孤立无援的地步,只有极少数教师在进行学生心理问题的解决，其他的教师或者家长、社会都对学生的心理问题漠视，通常情况下他们根本发现不了学生心理存在的问题，所以，亟须建立完整的心理学教育体系，让每个人都关注心理问题，而不是把责任推给仅有的几个心理学教师。

四、对大学生心理健康教育中积极心理学的探索

（一）建立清晰的积极心理健康教育学的目标

高校应该转变心理健康教育学的教学目标，将之前的消极心理的教学目标，转变为积极心理学的教学目标，要逐渐培养学生乐观积极的心理状态，培养他们的幸福感。不仅仅要关注极个别人的心理问题，要将视野放在所有学生或者整个人类本身上。在现在的社会发展背景下，人们的物质生活水平有了很大的提升，他们关注的重点不再是生活所需，更多的是精神的需求。追求精神上的幸福是人类的共同目标。所以，心理健康教育学也应该紧跟这一目标，让学生通过校园生活建立积极、乐观的生活态度和正确的人生观和价值观，只有这样，在未来社会中，他们才会保持这种健康的心理状态，不断激发他们自身的潜能，使自己的生活更加幸福。

（二）建立完善的积极心理健康教育学体系

对大学生积极心理学的教育内容体系的构建，首先要培养他们树立正确的自我认知观念。不管是积极的心理状态，还是消极的心理状态，都是由他们的自我认知观念引起的，它有设定生活目标的功能，积极健康的自我认知观念可以让人们拥有乐观的心理状态。在大学生心理教育的过程中，教师要积极地引导学生对自己的心理状态有一个全面的了解，通过课堂所学内容和社会实践，逐渐建立起自己的心理认知观念，懂得自我肯定和自我批评，能够客观地看待生活或学习中出现的问题，了解心理现象出现的合理性，从积极心理学的角度来看，对自我的肯定，尤其是对自己长处的挖掘，这样才能不断实现自我价值，在人际交往的过程中，要善于接受自己和他人，协调好理想与现实中的自我差异，不矫揉造作，也要不卑不亢，不断地树立正确的自我认知观念。

（三）构建积极的校园支持平台

人是社会性的，大学生的成长最主要的生活环境是校园，所以，要想建立积极心理学的教育体系就需要有积极的校园支持平台。积极校园平台的建立，需要从学校的规章制度、管理体系、教学体系等出发进行综合分析研究。完整的心理学教学体系对大学生健康心理的形成至关重要，这套体系的建立首先要根据明确的规章制度和

法律规范来制约,尤其是优良的学校氛围,可以使教学氛围得以优化,大学生在学习中可以找到自己的人生价值和认同感与归属感。积极的教学理念是校园平台建设的关键,只有以积极的观念来引导,传统的心理健康教育学才能重新定位,才能不断地更新和完善管理体系,让学生积极快乐地参与到学习和生活中,最终拥有积极健康的心理,拥有幸福的生活体验。

我国高校承担着为社会主义现代化建设培养人才的重任,在社会疾速的发展过程中,人们的心理健康直接影响着工作的效率,所以,高校的心理健康教育学任重道远。从心理健康教育学现状来看,虽然取得了一定的教学成果,但是由于受到传统消极心理学的影响,在教育过程中学校过多地关注了少部分心理有问题的学生,忽视了大多数学生的心理状态,所以高校要更新教育理念,培养学生的幸福感,让学生接受积极心理学教育,让他们的生活更加乐观幸福。

第四章 积极心理学下大学生心理健康教育模式研究

第一节 "互联网+"背景下大学生心理健康教育创新模式研究

心理健康教育是大学生教育的重要内容。进入"互联网+"背景下，大学生的心理健康教育也必须与时俱进，与当前的大学生学习特点相吻合，才能更好地发挥心理健康教育的作用，提升大学生的心理健康教育素质。大学生作为我国的未来，在互联网环境下，由于各种思想的侵蚀，在思想价值观念方面普遍受到了影响，进而对于大学生群体的心理健康带来了显著改变。在这一形式下，要提升大学生心理健康教育成效，必然需要对大学生的心理健康教育模式进行创新。

一、"互联网+"背景下大学生心理健康现状

大学生作为我国社会主义建设的接班人，其心理健康与否不仅关系到个人的未来发展，同时也关系到国家的未来发展与建设。就当前大学生群体的心理健康状况来看，随着进入"互联网+"背景下，信息呈爆炸式出现，各种信息五花八门向大学生这一群体扑来，这对于大学生群体的心理健康状况带来了显著影响。整体来看，互联网带来的多元化信息，使得大学生群体的价值观念也呈现出一定的多元化特征，社会主义价值观念出现动摇，而在个体方面，大学生的自我意识、人格特征等也都表现出一定的改变，网络化特征已经较为明显。

二、"互联网+"背景下大学生心理健康的影响

（一）"互联网+"背景下大学生心理健康的积极影响

"互联网+"背景下对于当代大学生心理健康带来的影响具有一定的积极性。首先，借助互联网工具，大学生能够与远在千里之外的父母、同学、朋友等进行在线沟通与交流，因而更加便捷，每当自己遇到心理问题时，可以及时向自己的同学好友倾诉，有利于大学生养成健康的心理；其次，伴随着现代互联网的发展，功能越来越广

泛，比如各种论坛、APP软件等，为大学生心理压力的释放提供了一大途径，大学生可以通过网上冲浪释放自己的心理压力。最后，借助互联网，大学生可以便捷地购物，能够为大学生节省更多的时间，从而提升大学生的时间利用效率，这样大学生便有更加充足的时间从事自己的兴趣爱好和专业课学习，这对于促进大学生心理健康的成长也具有积极作用。

（二）"互联网+"背景下大学生心理健康的消极影响

互联网就像一个大染缸，汇集了世界各地五花八门的信息，这些信息对于大学生的心理健康成长有积极的影响，当然也有消极的影响。最为直接的表现便是，当前很多高校的大学生都沉迷于网络游戏不能自拔，甚至很多大学生因为沉迷网络游戏而荒废学业，最终退学。由于我国教育体制的影响，在大学生群体中普遍认为大学就是享受的天堂，因而完全放飞自我，将主要的精力都放在了学习以外的地方，在万千的互联网世界中迷失自己，找不到正确的方向；其次，在"互联网+"背景下，很多大学生受到互联网的功利思想影响，致使个人的思想变得功利化，不论是在学习上，还是在生活中，总是将个人利益放在最重要的位置，集体主义丧失，国家观念淡化，这对于当代大学生的心理健康成长带来十分不利的影响。

三、"互联网+"背景下大学生心理健康教育创新模式

（一）借助互联网扩大心理健康教育辐射面

在"互联网+"背景下，要提高大学生心理健康的教育成果，必然需要对当代大学生的心理健康教育模式进行创新。对此，在未来的大学生心理健康教育过程中，可借助互联网这一广阔的平台，积极扩大对大学生心理健康教育的辐射面，从而切实提升大学生心理健康教育成效。互联网能够将各种资源进行有效整合，因而在当代大学生心理健康教育中，可根据学校的大学生心理健康教育开展情况，对各类资源进行整合，从而形成专业的大学生心理健康教育团队，对各高校的大学生心理健康状况进行动态评估，及时发现大学生群体中存在的心理健康问题。然后，结合观察到的一些心理健康教育问题，借助互联网对大学生进行积极的心理咨询，扩展心理健康教育的辐射面，真正提升大学生心理健康教育成效。

（二）利用网络教学资源提升心理健康教育成效

互联网实现了各校各类心理教学资源的有效整合，因而在"互联网+"背景下，开展大学生心理健康教育就要充分利用高校的这些网络资源，从而针对各高校大学生

的心理健康状况进行专业评估与教育,切实提升大学生的心理健康教育成效。比如,可以利用高校的心理健康网络教学资源,结合大学生心理健康现状,开展针对性的心理健康教育讲座,由此帮助当代大学生了解心理成长发展的规律,掌握自己的心理健康状况,能够根据心理状况改变进行针对性的调节,从而提升心理健康水平。此外,借助互联网这一工具,还可以将心理学专业的专家老师组织起来,通过构建在线平台,让专家学者定期诊断大学生的心理健康状况,由此利用专业教学资源,提高大学生心理健康教育成效。

(三)构建心理健康教育平台普及心理健康教育

互联网的特征之一便是通过整合各类信息资源,形成一个公共平台,满足各种需求人群。所以,在"互联网+"背景下的大学生心理健康教育,要充分利用互联网的这一特征,构建心理健康教育平台,根据大学生的心理健康需求,丰富该教育平台的各项功能,针对大学生进行心理健康教育,从而切实提升大学生心理健康教育成效。通过借助互联网,构建大学生心理健康教育平台,实际上是起到一种综合的教育效果,比如通过该平台将高校的各类资源整合在一起,实现资源的优化利用;同时,加强高校大学生心理健康教育师资队伍建设,提高心理健康教育水平。同时,积极利用互联网上的视频、音频等教学资源,真正提升大学生心理健康教育水平。

在"互联网+"背景下,大学生的心理健康状况也体现出多样性变化,这对于高校大学生心理健康教育模式提出了更高的要求。对此,本节结合"互联网+"背景下大学生心理健康状况,对于如何在"互联网+"背景下创新大学生心理健康教育模式进行分析,希望以此提升我国高校大学生心理健康教育水平,促进大学生群体心理健康成长。

第二节 积极心理学视阈下大学生心理健康教育创新模式研究

大学生心理健康教育是高校学生工作的重要组成部分,随着时代的发展,传统的大学生心理教育模式已无法适应大学生心理发展的需求,高校要充分认识创新心理健康教育模式的必要性和紧迫性,加强对新模式构建的理论和实践探讨,切实推进大学生心理健康教育的全面发展。

20世纪末西方积极心理学思想,以全人类的发展和幸福为目标,改变传统只关注生命问题的修复,转向为同时建立美好的生命品质,强调对大学生健康积极的性格、气质与能力进行培养,充分开发大学生潜在的能力,促进大学生尽可能地发展自己,实现大学生心理健康和谐发展。

一、大学生心理健康教育模式的基本结构

大学生心理健康教育模式是指营造和谐的大学校园人文环境,培育大学生良好的思维品质和能力,构建预防、解决大学生心理问题的基本目标、方法、机制和路径,是高校实施心理健康教育的顶层设计和评估高校心理健康教育成效的基本标准。

(一)基本主体

高校心理健康教育模式的基本主体是实施者和受动者,实施者主要包括心理学教师、高校辅导员、班主任及其他专业课教师。此外,大学生经常接触的同学、亲朋好友和崇拜的影视明星等,也在很大程度上影响着大学生心理健康;受动者是指高校全体在校大学生。

(二)基本客体

基本客体是指心理健康教育模式中的心理问题、影响因素及教育对策,心理问题主要包括潜在的、即将出现和实际存在的心理问题,构建心理健康教育模式基本目标是减少和消除各种不利影响,充分调动各种积极因素,形成有利于大学成长的和谐氛围,促进心理健康。

(三)中介系统

中介系统是指大学生心理健康教育模式所运用的各种媒介、手段和方法,主要包括四个方面:第一,组织结构,主要是指大学生心理健康教育模式的领导、教学和日常管理机构;第二,师资队伍,主要由心理学教师、心理咨询师、辅导员班主任以及其他教育者;第三,教育方法,主要包括应用心理学、教育学、思想政治学以及其他交叉学科的教育方法;第四,教学场所和教学仪器。

(四)基本功能

大学生心理健康教育模式的基本功能是消除并预防心理问题,建立健全大学生健康的心理和人格,它必须具有四方面的基本功能和意义:其一,能有效解决大学生当前的心理问题;其二,预防学生可能存在的心理问题;其三,倡导心理健康积极理念;其四,实现自我心理调节。实现大学生自我心理调节是预防和规避大学生心理问题的最有效、最可靠的根本途径,也是心理健康教育模式的终极目标。

二、积极心理学视域下创新大学生心理健康教育模式的基本原则

（一）全方位系统原则

高校心理健康教育应该全方位创新与本校学生实际情况相适合的教育模式。一方面，大学生心理健康教育需要紧密联系学生实际，发挥其教育的独特针对性功能；另一方面，大学生心理健康教育要同及时获取其他兄弟院校以及相关社会机构的支持和帮助，构建相互支持、优势互补的良好教育格局。

（二）理论结合实践原则

创新大学生心理健康教育模式要坚持理论结合实践原则，注重分析具体心理辅导和教学过程，并运用相关的理论指导教学实践，再通过实践活动检验相关的理论，进而完善理论。

（三）以学生为中心原则

高校应以学生为中心，创新大学生心理健康教育模式，是指在具体的教学过程中，要充分发挥大学生的主体作用，尽可能调动他们的积极主动性，具体表现为：教育者要尊重大学生的个性和理念，主动关心学生，加强彼此的交流与沟通，切实为大学生的健康成长保驾护航。

（四）可持续发展原则

可持续发展原则就是以大学生为中心，结合大学生身心发展规律运用科学合理的教育措施，全方位提高大学生心理素质。因此，大学生心理健康教育要注重提升大学生的认知能力，完善大学生的情感、个性品质以及社会适应性等方面，切实保障大学生心理健康可持续发展。

三、积极心理学视域下创新大学生心理健康教育模式的有效路径

（一）形成积极的心理健康教育理念

大学生心理健康教育理念指高校教育者对大学生心理健康教育的根本认识和态度，决定了其教育价值取向与目标追求，从而直接影响并制约了心理健康教育的成效。传统的心理健康教育理念认为，人类的心理是被动的，人的心理容易受周围环境或本能的影响和控制，它侧重于阻止心理问题的发生，从而达到预防的效果。积极心理学则认为，过多关注心理负面特质并不利于心理健康，而更应发挥人的潜能和积极因素，培养积极的思维，因而大学生应该充分展现出自身的优势，拥有更多积极品

质,依靠自身力量主动促进心理健康发展,从而最终塑造积极人格。诚然,治疗性咨询是大学生心理健康教育必不可少的一部分,但从长远来看,从根本上提高大学生心理健康水平,消除心理问题隐患,大学生心理健康的预防性教育显得更为重要。因此,大学生心理健康教育应该将重心从咨询治疗向预防教育转变,凸显大学生心理健康教育的全面性和有效性。

(二)加强大学生心理能力训练

大学生心理能力训练,是在心理健康专业教师指导下,大学生自觉主动对心理状态与行为进行我调控,提高自身认知、情意、意志、人格等方面的心理素质。通常包括团体成员的社团活动、心理拓展、潜能训练和团体讨论等等。

首先,要培养大学生的积极情感体验,积极的情绪情感能够帮助大学生形成健康的心理状态,教育工作者要善于引导大学生发现学习生活中的趣事,激发大学生的积极情绪体验,保持积极乐观的心态,提升大学生的心理抗压能力,增强其幸福感,促进其全面发展。

其次,要培养大学生积极的人格倾向,大学生的人格倾向直接影响着他们看待事物的态度,甚至在一定程度上决定了他们的人生观和价值观。因此,积极心理学视域下的心理健康教育需要注重培养大学生积极的人格倾向,帮助他们用轻松有趣的方式处理问题,以积极的心态应对生活和学习中的困难和挫折,保持自信、乐观和豁达的生活态度。

(三)指导大学生心理朋辈互助

大学生心理朋辈互助教育模式是心理健康教育一种极为重要的教育模式,是指受过一定专业技能训练的心理互助学生,在专业心理教师的指导下,深入同学当中开展心理互助活动。如高校通过设立班级心理委员,经常性举办学生心理沙龙,建立大学生心理互助讨论群等,能促使学生进行深入的心理交流,引起思想和情感高度共鸣,调动学生的生活热情和积极主动性,实现心理健康的自助和互助。因此,高校要建立大学生心理朋辈互助工作机制,提供一定的经费保障学生心理互助活动顺利开展,并安排心理专业教师定期对参与互助的学生进行心理健康知识和技能培训,确保心理朋辈互助活动取得预期效果。

(四)开展社会实践渗透式心理健康教育

社会实践是将心理健康教育知识转化为个体心理品质的中间环节,可将心理健康教育工作渗透到社会实践。大学生通过参加各种校内和校外的社会实践活动,加深了积极的情感体验,锻炼了应对困难的能力和意志,提高了心理健康水平。大学生社会实践活动丰富多彩,比如观摩心理健康影视、慰问敬老院、关爱残障儿童、爱心捐助、三下乡、开展阳光户外拓展训练营等。此外,教师在课堂教学中,也可通过组织趣味课堂活动,如个人分享、集体讨论、角色扮演等,让大学生有更多展现自我和交流、沟通的机会,激发他们主动的参与意识,大学生可从中充分"感受"和"体验"生活,增强相互理解与包容,建立起大家所认同和接受的理念与价值,促进大学生的自我认识,优化心理品质。

(五)构建积极向上的校园组织系统

大学校园作对学生的心理健康培养起着至关重要的作用,心理学研究证明,优美的校园环境可以使人赏心悦目,潜移默化地优化学生的个性心理品质,产生积极向上的情绪体验,有效促进心理健康。因此,学校应该重视大学校园环境的建设,营造有利于大学生心理健康发展的校园环境,尤其良好的校风学风建设,如轻松和谐的校园氛围,有利于大学生形成积极向上的情感体验;丰富多彩的校园文化活动,充分发展学生特长和能力,促进了大学生互相帮助和融洽的人际关系,培养学生奋发图强的进取精神和集体凝聚力、荣誉感,形成健康的心理和人格。因此,高校要重视校园环境的建设,努力营造有利于大学生健康成长的校园文化氛围,不断陶冶大学生的思想品德情操,净化其心灵,促进心理素质的健康协调发展。

第三节 积极心理健康理念下的大学生心理健康教育教学模式的应用研究

心理健康教育课程是以促进大学生心理品质的提升,预防心理问题的发生,使其身心灵和谐发展的教育教学活动。其课堂教学模式必须在遵循一般教学规律的基础上,导入先进的教学思想和教育理念,运用现代教育技术,以突出心理健康教育内容的特殊性进行构建,重视教学活动中学生的主体性,强化学生对教学活动的主动参与,以实现心理健康教育的良好教学效果和积极发展的教学目标。

本研究以在大学生心理健康教育课程内容中导入积极心理学相关理论及应用为导向,对大学生心理健康教育教学模式进行探讨。

一、导入积极心理健康理念的目的和意义

习近平总书记在党的十九大开幕式的讲话中提出:"要加强社会心理服务体系建设,培育自尊自信、理性平和、积极向上的社会心态。"这种正向引导和积极发展的

理念对高校大学生心理健康教育课程的建设和改革具有开宗明义的指导意义。

相比于其他课程内容而言，大学生心理健康教育课程的教学内容和教学方式都比较贴切大学生的生活实际，案例教学和课堂活动等形式也比较能够调动学生的学习积极性。然而，近几年来我们发现，学生的听课热情逐渐下降，对课程的内容不太感兴趣，课堂互动的环节也表现出与己无关的状态，究其原因主要有以下三点：

第一，随着网络和智能手机的应用越来越发达，各种碎片化的信息充斥着整个社会。大学生在课堂上使用手机的情况已成常态，严重分散了大学生听课的注意力，并影响课堂教学的秩序和氛围。

第二，智能手机的过度使用使得现在大学生过多地关注外界，对自己缺乏基本的反省和自觉，也意识不到自身的成长需求，相当多的大学生因此失去了学习的动力，荒废了学业。

第三，以往大学生心理健康教育教学的内容和模式，基本把重心放在"诊断和消解痛苦"等问题上，目标是追求心理问题的消解，心理障碍的减少，实际上是针对少数学生的心理消极层面的问题，对大多数学生而言不能感同身受，难以发生共鸣，更无法产生兴趣。

积极心理学是现代心理学研究的一个新领域，其提供了一种新的视角，将关注点放在个体心理健康和良好的心理状态方面，正逐步消解传统心理学过分关注人的消极方面的理念，"倡导重视和构建个人的外在和潜在的积极力量，研究和探讨人的积极品质，发现和挖掘人的潜能，关注人类的生存与发展"，是以促进个人的自我实现、群体以及整个社会的完善发展为宗旨的科学。

积极心理学的兴起是对传统心理学理念与内容的一种补充与完善，其意义在于不仅给人类提供了看待问题的新的思维和新的方法，还作为心理健康教育研究的一种新的思潮，进入我国现代心理健康教育的重要研究领域。

二、教学模式研究的基本内容

本研究是在积极心理健康的理念的指导下，以增强学生积极的情绪体验和培养学生的自尊为主要内容，研究如何在课堂中创设积极体验的教学情境，引导学生在体验中学会觉察其消极的情感对自身的不良影响，转变其错误的认知，并认识课程内容对身心发展的作用，培养学生发展、享受并运用积极的情感，形成积极人格特质。具体内容如下：

在教学中突出积极心理品质的发展之内容，以引导学生对自身的积极人格特质进行探索，培养他们的乐观心态与职业能力，具有挑战困难的勇气，主动发展出交往技能，懂得爱与宽恕，挖掘自身的创造性、天赋和智慧等；同时运用团体动力学的原理引导学生在群体层面自主形成积极的组织系统，创造良好的团队氛围及社会环境，以促使学生个体发挥其人性中的积极品质，如对自己、他人和社会的责任感，在照顾好自己的前提下能具备利他的意识和行为，举止文明、坚忍不拔，能在未来的职业生涯中重视职业伦理等。

在课堂活动中强调主观层面的积极情绪体验并加以训练，以帮助学生提升主观幸福感、生活满意度、自尊自信、乐观希望等，学会用一种更加开放、欣赏性的眼光去看待自身和处境，并理解自身的潜能、动机和社会适应的能力。

导入和强化心理问题的积极预防观，引导学生正确认识心理问题的发生和发展机制，懂得运用积极再定义的方式去看待自身的心理问题，并能够运用自己人性层面的积极力量和美德来有效地预防各种心理疾病。

三、教学模式的建构与实施策略

积极心理健康理念下的大学生心理健康教育教学模式的建构就是根据大学生的身心发展特点，以其内在的向善性为价值取向，运用具有积极导向的教学内容、方法和手段，以培养学生个体的积极心理品质为抓手，预防各种心理问题的发生，促进大学生身心和谐及全面发展，既继承和借鉴经典心理健康教育模式的经验，又结合积极心理学研究的发展趋势，构建起积极心理健康教育的基本体系。

本研究的实施策略则是运用对分课堂的形式将"积极体验式"教学模式引入心理健康教育课程教学中，通过发挥该模式中的学生参与讲授、主导教学过程和结合自身实际解决心理问题为导向的功能，将以往的心理健康教育课程教学的问题取向转化为积极取向，能让所有学生身心投入并受益。

对分课堂中"积极体验式"教学模式的运作是以"认知为先导，情感为体验，活动为载体"的情境教学方式实施，主要思路是"导入情境—强化体验—小组讨论—相互质疑—澄清疑虑—建构知识—回归实践"，具体操作程序是：

（一）创设情境，启动体验

根据每章节的教学内容选择一些相关案例为蓝本，让学生根据自己生活中的经验和观察进行角色扮演和情景再现，体验感受。

（二）设计问题，激活体验

教师主导学生按照情景表演的剧情提出问题，鼓励他们对这些问题进行思考，激活他们的内在情感体验。

（三）交流感悟，升华体验

以小组为单位进行分享和交流，让每个学生都发表自己的感受和想法，使他们了解到彼此的差异，激活正向体验，最终达成共识。

（四）评价反思，践行体验

教师运用心理学的原理对不同学生的情感体验进行解释，让学生推己及人，重新建构自己的知识和经验，并运用到自己的生活实践中。

通过以上操作程序，可以从知、情、意、行等方面提升学生的素质与潜能，使之能有效完成知到行的内化。为了检验此项研究的成效，我们在教改实践中尝试在情绪管理和人际关系促进两个问题上采用对分课堂方式开展体验式教学活动，即把教学过程分离为讲授、内化吸收和讨论三个阶段。讲授的过程以教师讲授课程知识的精髓，来保证其课程内容传递的系统性、准确性和有效性；内化吸收的过程让学生运用一周的时间，通过查阅文献、通读教材、分组讨论等方式来理解、消化该章节的知识点内容；讨论过程则运用启发式教学的手段，保证学生的自主参与性，在这个环节中，学生们以正向情绪表达和积极沟通管理为导向，进行情景表演和分享，极大地调动了学生的参与热情，取得了良好的应用效果。

这种将积极心理健康理念融入体验式心理健康课程的教学模式，能够引导和帮助学生主动构建内在积极的心理表征，将所学到的知识发展成自己的生活智慧，是积极心理健康理念下的大学生心理健康教育教学模式研究的根本目的所在，具有可推广的价值和意义。

第四节 积极心理学视角下大学生心理健康教育课程教学设计研究

当前大学生的心理问题频发，大学生心理健康教育课程已成为高校开展心理健康教育和预防心理问题突发的重要手段之一。然而，受消极心理学和传统教学模式影响，该课程存在重理论轻实践、重灌输轻体验、重矫正轻发展、重知识轻能力的问题。因此，如何改革和创新教学设计，使心理健康教育课成为更有助于学生应对心理困惑、改善人格品质、提升心理素质的实用性课程，是高校心理健康教育面临的重要研究课题。与此同时，在反思传统心理学及学校心理健康教育困境的前提下，20世纪末积极心理学的思潮顺势诞生，旨在倡导用一种积极的态度解释各种心理现象，致力于研究人类的积极品质。积极体验、积极人格、积极的社会组织系统是积极心理学研究的三大支柱,其中积极情绪体验是核心,积极体验中又以主观幸福感的研究最多,在整体上形成了"一个中心三个支撑点"的理论体系。积极心理学的核心思想是心理学研究的关注点应该从单纯的问题取向转移到人类正向品质的研究与培养,通过挖掘人类自身拥有的潜能和力量来达到积极预防和积极治疗的目的。这为更好地组织设计大学生心理健康教育课程提供了新的思路。

一、积极心理学取向课程教学设计总体思路

(一)主张突出学校心理健康教育的教育与发展性目标

根据心理学研究的三大历史使命,学校心理健康教育通常具有三大功能:一是心理健康教育的教育与发展功能;二是心理健康教育的预防功能;三是心理健康教育的治疗功能。其中第一项功能的价值取向是积极的,后两项功能相对消极,目前的大学生心理健康教育课程教学都过于偏重后两项功能,而忽视了第一项功能,导致大学生心理健康教育课程实效大打折扣。积极心理学倡导关注人的积极方面,主张心理健康教育的目标回归到"重培养促发展"上,突出学校心理健康教育的教育与发展功能。

(二)主张构建学校心理健康教育的积极内容

长期以来,我国的大学生心理健康教育深受传统的消极心理学研究取向的影响,在教学内容设置上过分关注心理问题的预防与矫治,忽视了学生心理潜能的开发和积极心理品质的培养,偏离了大学生心理健康教育应该以教育与发展为主,促进全体学生成长发展的最终目标。积极心理学是在反思传统心理健康教育模式的基础上产生的,并不完全否认消极心理学的作用,只是主张将心理健康教育的着力点从关注消极方面转移到关注积极方面,希望通过积极品质的培养来抵消消极因素的影响。而且积极心理学认为"智慧、感恩、乐观、美德、幸福"等积极因素是人类所固有的特质,在教育教学过程中,如果这些积极的特质被培育与强化,那么与其相对的消极的特质就会改变与消退。我国学者孟万金教授基于积极心理学的理念提出了诸如增强主观幸福感、开发心理潜能、提高学习能力、完善积极人格等14项学校心理健康的核心内容。

(三)主张学校心理健康教育实施积极情感教育,增强主观幸福感

积极心理学认为学校心理健康教育普及心理知识固然重要,但最根本的还是要通过培养学生的积极情感,来增强其主观幸福感,塑造其积极的人格品质,发展积极

的人际关系,最终让学生养成一种即使在困境面前也能积极寻找积极因素的思维方式,并内化为一种世界观、人生观、价值观。这样学生才能真正快乐与幸福。

二、积极心理学取向的课程教学模式设计

传统的心理健康教育课程教学模式单一与机械,过于重视理论层面的传道授业解惑,学生参与度不够,缺乏亲身体验,更难有情感上的共鸣,未能实现教学相长的协调统一,教学效果比较差。其实学校心理健康教育是学生求知的过程,也是师生情感互动的过程。积极心理学理念下的学校心理健康教育课程应该注重学生的实际体验,通过积极体验式教学模式不仅让学生学有所获,而且感同身受,陶冶积极情感,增强主观幸福感。基于此,结合我国学者周华、胡国良等人的研究成果,在人本主义教学思想的指导下,提出了"分享·体验·内化"的教学模式。该模式是一种情境式、对话式、体验式、应用式的活动过程;是师生、生生共享经验、智慧、知识的过程。具体的操作程序分为四步:

(1)创设情境,融入情感。首先教学氛围要安全、积极、平等、和谐,创设一个信任、融洽的心理安全环境;其次教师要积极情感卷入,用尊重、真诚、热情、积极关注的态度对待学生,激发学生热情与兴趣;最后用图片、故事、心理剧等形式触动学生内心世界,通过感同身受的共情融入情境,感人物所感,思人物所思。

(2)分享与领悟。首先点题,引导分享的主题与方向;其次组织与鼓励,但不评判,让学生彼此交流与情感和思想碰撞;最后实现学生的自我感悟、自我反思、自我探索。

(3)总结与整合。首先,学生代表进行评述总结;然后教师进行整体评述与拓展;再次,学生结合教师评述与拓展进行新旧知识重构,进一步强化心得体会与能力。

(4)实践与内化。通过布置实践任务与课后作业的形式,把所学相关知识与技能加以应用,通过亲身体验加以内化提升。

三、积极心理学取向的课程教学评价设计

学校心理健康教育课程的目的不单纯地在于心理学理论知识的传授和单个心理品质的培养,也不仅仅在于心理问题的矫正,而是在于学生整个心理世界构建,重在整个心理素质的提升和幸福感的培养。所以传统的教学评价方式对大学生心理健康教育课程意义不大且容易误导其组织与实施。在积极心理学思想的指导下,作者认为大学生心理健康教育课程考核方式应该以学生主观体验为基础,以学生积极参与、自我分析报告、团体心理剧等形式为手段,关注学生积极思维理念的获得、积极

人格品质的培养、主观幸福感的形成。具体评价中实施过程评价，评价手段上实行自评、他评及心理品质测量相结合。

第五节　积极心理学视角下大学生心理健康教育课程优化研究

大学生的学习生活，在很多人眼里看来，都是比较自由、散漫，没有太多的忧虑和压力。实则不然，大部分大学生有着普通人不知道的学业压力、生活压力等，例如近几年时常有大学生因为各种压力辍学、甚至想结束自己的生命等事件的发生。

一、当代高校大学生心理健康教育课程状况

（一）课程设置具有消极导向

传统的心理学课程通常是以心理问题为导向，比如教授学生相关的心理类疾病的特点及相关的治疗方式和方法。这类教学内容只能帮助学生解决各类心理疾病，对心理疾病起到预防作用。但却忽视了教育的本身目的，应该是积极开发学生的潜能。作为心理健康教育更应该是以提高学生心理素质为主要导向，让学生有更好的心理状态来面对以后的人生。

（二）教学方式相对单一

在高校的心理健康教育课程中，老师们往往比较单一地向学生们讲述心理学知识，告诉学生如果心理方面遇到困难应该怎么做等等。在这样的课堂上，学生缺乏相关体验，老师往往也难以引起学生的重视，使得课堂教育效果低下，并没有起到心理健康课程应该有的作用，更不要说提高学生的心理素质。

（三）课程设置时间短且单一

大多数高校将大学生心理健康课程集中安排在大一学生刚入校时期，但学生在整个大学阶段，不同时期会有不同的问题，这样的课程时间设置缺乏针对性。课程设置相对单一，教授内容缺乏个性，每个学生教授相同内容，缺乏选择性。

（四）师资力量缺乏

目前大多数高校，特别是工科院校，专职心理健康老师特别缺乏，一般一所高校配备一到两名心理健康老师，其他大部分属于兼职性质，一般由辅导员或是人文社会科学及思想政治老师担任，这样势必会影响大学生心理健康课程的教学，也同时

会影响心理健康课程在学校进行心理健康教育中的有效性。除了师资力量的缺乏，目前师资也缺乏相应的专业培训，积极心理学作为心理学的一大领域，在教学中的运用需要不断地专业培训，掌握积极心理学最新的发展动态，有利于心理健康课程的开展。

二、积极心理学在大学生心理健康课程中的应用

（一）以积极心理学理论为基础，重新整合教学目标

传统心理健康课程以心理问题为导向，服务对象有限，有心理问题的学生毕竟是少数。应改变传统心理健康教育以预防心理疾病为主要目标，立足于积极心理学取向，以培养学生积极的心理品质、发掘学生潜能为目标。在关注有心理问题学生的同时，也面向全体学生，重视大多数学生心理问题的预防和积极心理品质的培养。

（二）基于培养学生积极心理品质的教学目标，大力扩展教学内容

改变以往教学内容偏重心理问题、心理疾病类知识的传授，在这样的教学内容中，学生普遍感到比较压抑，不能树立良好的心理健康观念。近几年来，调查结果显示，学生遇到心理上的问题时很少有想法去心理咨询室找相关老师咨询，更多的学生认为去心理咨询室就是心理有疾病等错误的观念，这或许与消极内容为主的心理健康课程有关。以积极心理学为主导的心理健康课程，应符合大多数学生的需求，以注重培养学生自信心的建立，人际关系的优化以及创新能力的探索为侧重点。这样能够更加有助于高校学生对于问题的解决以及自我效能感的提升，同时也更能帮助学生树立一个科学的心理健康观念。

（三）丰富教学形式

以往教学形式的单一，老师侧重于知识的传授，学生被动地接受，这样的教学方式和方法，教学效果差，学生主体性差，特别是会降低学生对心理健康课程的兴趣，在接受知识的过程中缺乏积极性。其次，传统的教学方法与校园文化和其他课程资源的融合性较差，不利于大学生人格的完善和心理发展。基于积极心理学理论和大学生身心发展的特点，在教学形式上可以运用体验式教学方法，强调与学生的互动，设置相关实践主题内容，用丰富的教学方式和方法提高学生的兴趣，增加课程的实用性，真正做到让学生在课程中有所收获。在课程时间和内容的设置上，可以更加丰富其选择性和个性化，扩展教学内容，设置一系列主题，学生可以在大学四年的时间内，根据自己的需求选择相应的主题和上课的时间，这样更符合心理健康课程的教

学目标,对学生的帮助也会更大。

(四)提高积极心理学教育的渗透效果

高校可以将积极心理学的知识渗透到平时的德育教育、健康教育以及各种学校活动中去。鼓励学生以积极的心态面对生活,面对学习。通过这些方法,潜移默化地培养学生的乐观心态和热爱生活的精神,让学生利用积极心理学,减轻当代大学生学习和生活的压力,帮助他们找到大学学习生活的乐趣和幸福。

(五)增加师资力量,完善相应专项培训

增加心理健康专职教师人数,组织集体备课和相应的专题培训,保证心理健康课程的积极心理学取向以及课程在心理健康教育过程中的有效性。

心理健康教育是大学生高校教育中不可或缺的一部分,传统的心理健康教育课程已不能满足目前高校学生的需求。大学生心理健康教育的真正目的应该是培养学生积极的心理品质,发掘自身的潜能。积极心理学更加关注学生的积极品质的培养,这与教育的本质相同,同时改变传统以消极内容为导向的心理健康课程也能减少学生对于心理健康负面的看法,从而树立科学的心理健康观念。因此,在大学生心理健康课程中引入积极心理学的理论显得尤为重要。高校应当科学有效地利用积极心理学知识,帮助学生培养出积极乐观的心态,从而使学生成为全方面综合发展的人才。

第五章 "互联网+"背景下大学生心理健康教育的理论研究

第一节 "互联网+"背景下大学生心理健康教育现状及创新

大学生心理健康教育是高校思想政治教育的重要组成部分。随着互联网的高速发展,尤其是新媒体、自媒体的网络化的日益普及,大学生的心理教育出现多元化发展趋势,不可避免地会面临各种心理困惑和心理冲突。文章分析了互"联网+"背景下大学生心理健康教育的发展现状,研究了"互联网+"背景下大学生心理健康教育存在的问题,阐述了"互联网+"背景下开展大学生心理健康教育的优越性,提出了"互联网+"背景下加强大学生心理健康教育主要策略。高等院校要重视大学生心理建立教育,积极落实立德树人的根本目标,促进大学生身心健康成长,全面提高高等教育质量。

我国的大学生心理健康教育起步较晚,自20世纪90年代国家才开始重视这项工作。我国国务院提出:"网络环境下的学生心理健康教育逐渐成为普遍关注的焦点,信息管理等部门和学校要加强对电子信息产品和计算机网络的监管,及时清除计算机网络传播的反动、色情和不利于青少年学生健康成长的电子信息,努力开办网上心理健康栏目,充分抓住网络阵地,宣传普及心理健康知识,优化心理健康教育的网络环境,强化网络的积极影响,利用网络优势开展心理健康教育。"

中国第一个基于互联网的心理学研究是赵向阳的硕士论文,在线信息咨询中咨询员的人格,网络匿名性和工作绩效心理健康教育是高校思想政治教育中不可或缺的重要部分。当前,随着我国改革开放及经济全球化水平的进一步加深,特别是互联网等新媒体、自媒体的日益普及,大学生的利益需求趋于多元化,不可避免地会遭遇各种心理困扰和冲突。同时,由于人才竞争日益激烈,尤其是社会对人才的素质要求越来越高,大学生也面临着越来越大的心理压力。高度重视心理健康教育,切实提高大学生心理健康水平,是促进大学生健康成长和全面提高教育质量的关键之一。

2004年,葛宝军、宋英提出了"大学生心理健康教育的网络模式",并建立了一个四级互联交叉的心理健康教育立体网络模式。网络心理健康教育现在已经成为现实心理健康教育的拓展和延伸,互联网的发展也是心理健康教育发展的必然。

一、"互联网+"背景下大学生心理健康教育的发展现状

1957年,苏联发射了人类第一颗人造地球卫星Sputnik。作为响应,美国国防部(DoD)组建了高级研究计划局(ARPA),开始将科学技术应用于军事领域(：amk：)。ARPANET可以说是Internet的前身,E-mail、BBS、Newsgroup、聊天工具IRC等相继出现,1989年WWW万维网出现在大众的生活为人们的生活提供了便利。

"互联网+"背景下的心理学研究。1955年,心理学的研究从实验室转移到了互联网上,1998年6月17日,John Krantz负责的网站(http：//psych.hanover.edu/aps/exponet.html)上罗列了35个基于互联网的心理学研究,之后网上心理学的研究也在逐渐增加,随着网络心理科学资源的增加,利用网络进行心理教育也更加方便和权威。

当代教育网络化现状介绍。互联网的发展对教育行业产生的变革是革命性的,我国正在努力推进远程教育的发展,为教育的网络化提供了越来越完善的基础设施。对于心理学来说,互联网是需要研究的对象,也是可以广泛应用的研究工具。如今心理素质在衡量人才的指标中的地位、心理健康教育在学校的教学计划安排中的地位日益重要,心理健康教育理应在网络化方面有一个快速发展的趋势,但是查阅到的大量数据信息显示：在当今我国的心理健康教育中,网络这个工具被应用到的范围仍旧有限,且发展速度也处于较慢水平。由此可见,网络心理健康教育还有极大的发展空间和更多的发展可能。

二、"互联网+"背景下大学生心理健康教育存在的问题

网络传播很广泛,世界各地的信息充斥着网络,这也就造成了网络的高风险,对大学生的世界观、人生观、价值观有很大的影响,对大学生的心理健康有一定的引导作用。由于技术发展不够完善、心理健康教育师资不足等客观因素以及一些不可避免的主观因素的影响,大学生网络心理健康教育仍存在着一些问题。

大学生心理健康教育比较传统落后。传统的大学生心理健康教育手段包括：开设大学生心理健康教育通识课程和讲座、普及心理健康知识、设立校园心理咨询室、定期举行心理辅导活动,组织学生参加社会实践活动、大学生心理健康问卷调查,建

立大学生心理健康档案、培养自我教育能力等。当然良好的校园氛围（或校园网络文化建设）也是少不了的。现在效果最明显的就是开设心理健康教育课程并辅以心理咨询。首先传统的心理健康教育手段另一大局限是它们的信息整合、共享较为不便。而网络化的大学生心理健康教育却能较好地解决这些问题。还有传统方法上的量表和问卷也可能存在适用范围不广的局限。其次传统心理健康教育的师资力量也不够强大，地区发展不平衡，基础设施薄弱等。现今有很多大学的心理健康教育课程、心理健康测试、心理健康咨询之间还没有建立可共享的学生心理健康资料信息库，使得学生重复做了大量基础性的测试，这不仅消耗了不必要的人力物力，还容易使学生产生练习效应和疲劳效应。而且传统心理健康教育不能顾及每一个人，这就使得心理健康教育的不充分性和不平衡性供不应求。

大学生心理健康教育个性化需求具有局限性。大学生心理健康教育最明显的局限性是个性化和效率之间的矛盾。例如：大学生心理健康教育通识课程、心理辅导活动虽然一次性的受众较多，整体效率高，但在个人针对性的心理问题解决和个人的心理健康教育质量方面存在固有的局限；与之相对的是设立心理咨询室，它虽然在解决个人特定问题上具有优势，但效率低下，耗费大量时间，此外，它是否能发挥作用主要取决大学生的主动性。因为这种方式需要大学生主动预约学校的心理咨询教师，因此无法对那些出于某些原因不能去心理咨询室的学生进行心理健康教育。另外，非面对面的交流使心理咨询教师无法获得较多的来访者可观察讯息，可能使咨询效果降低。而且论坛讨论组不易管控，加之匿名功能，极有可能出现大量无用信息，或出现"乱出主意"的问题。

高校网络心理健康教育平台建设不健全。随着科技的迅速发展，高校网络心理健康教育平台建设中也有很多问题，首先，高校心理健康教育管理者不够重视网络心理健康教育，没有健全网络管理制度，没有更多地用于实践；其次，政府政策在网络心理健康教育这块也没有做出更加具体的方针和政策，监管力度仍需加大，应继续加强对网络的规划范使用；最后，大学生本身的问题，由于网络使大学生参与心理健康教育活动的时间空间不再受到严格的控制，我们更加不易判定大学生在参与心理健康教育活动时的态度和周围环境，无法保证学生是否认真观看心理健康教育课程视频、无法控制大学生填写网络问卷时的环境因素，存在胡乱填写的可能。还有全天候的咨询时间与匮乏的心理健康教育资源产生矛盾，既有可能出现同一时间网络咨询的学生太多，师资供不应求的情况，也有可能出现问题不能及时得到回复的情况。

三、"互联网+"背景下开展大学生心理健康教育的优越性

当前关于"互联网+"背景下心理健康教育的研究分为两个部分：第一个部分是研究网络对人的心理健康的影响以及如何利用有效的教育手段使网络对人心理健康的影响更多地偏向积极方面，降低或摆脱消极的影响，如解决网络成瘾、网恋问题，研究网上的攻击性行为等；另一个部分是研究如何在心理健康教育的过程中使用网络平台，以及网络对心理健康教育形式、途径、效果等方面的影响等。

大学生网络心理健康教育形式多样化。大学生网络心理健康教育的形式现有：线上的大学生心理健康教育视频课、线上的问卷调查、有关心理健康的论坛或讨论群、线上的一对一咨询、电子邮件、留言本等。线上大学生心理健康教育视频课大部分高校都以第二课堂的形式开展，通过一些慕课平台给大学生们观看。线上问卷调查是通过在网上编辑设置一套标准化的量表再让学生们进入网页填写，从后台直接获取量表填写的结果数据分析。论坛和讨论群种类较多，按创建者分类有学校官方创建和大学生自发创建；按内容功能分类有树洞、"夸夸群""喷喷群"等。线上一对一咨询就是学生在网上向心理咨询师咨询心理问题，这个应用与之前的几种相比还较少。大学生还可以通过浏览网页等方式来接触基本的心理学知识，从而潜移默化地改变人们对心理学的认知，使大学生能更好地预防和解决心理问题。在网络视频课程中，线上的师生互动也解决了不能面对面的及时性反馈问题。以上形式都是为了更好地服务于大学生，使心理教育更加容易。总之，互联网的出现拉近了人们的时空距离，为人们的交流提供了方便，在网上能用的心理学资源也越来越多，获取心理知识的渠道也变得更具有灵活性和多样性。例如，各大高校的电子图书馆和一些心理学机构的网站也都对外开放，近年来的心理学公众号也得到了足够的发展。

有利于保护个人隐私，增强学生的安全感。大学生心理健康教育则是指通过运用一些心理健康知识和技能，以心理辅导和心理咨询为主要形式来疏导大学生成长过程中遇到的心理问题并提高他们适应大学生活的相关能力。但是在大学生心理健康教育的具体内容中，还有许多不足。而且随着当代社会竞争压力的日渐加重，生活节奏日渐加快，再加之全球化的纵深发展导致多元文化、价值观相碰撞等因素的影响，当代大学生的心理问题日益增多且种类复杂，具有鲜明的时代性。利用互联网的交流具有匿名的功能，经济、方便、具有时效性，这既可以减少大学生对隐私泄露的顾虑，增强他们的安全感，使其有更大的意愿去分享自己的经历和去尝试主动联系心理咨询师，可以使大学生根据自身的意愿主动去接触适合自己的心理咨询；同时还可以减少大学生的羞怯情绪，使咨询中的沟通交流有更加深入的可能，便于获得

更多来访者自我感觉方面的信息。黄海、颜小勇、余莉、俞宗火等人在《大学生对网络心理咨询的态度及与人格、网络自我效能感的关系》中指出：大学生对网络咨询有较积极的态度。

有利于节省空间和时间，心理健康知识普及性更广。网络本身具有的全球性和全天候的特点，使其能帮助大学生心理健康教育突破时空限制。如大学生可以自由选择空闲的时间观看心理健康教育视频课程，并且能在有切实需要时反复观看；不需要在特定的咨询室内，既可以节约空间的占用，还可以实现咨询师资源更快速有效的配置，使多个学生的心理咨询可以同时在线进行。网络的迅速发展以及人们对其的依赖性使人们能够更多地去接触心理学，以达到心理学普及的效果。能够方便快捷地收集到有效的心理学资料以及时进行反馈，更好地服务于大众。

四、"互联网+"背景下加强大学生心理健康教育主要策略

为解决实际问题，除了需要整合学校现有的心理健康教育资源，努力构建课堂教学、心理教育活动、心理咨询、危机干预、调查研究"五位一体"的心理健康教育模式以外，还应拓展新的大学生心理健康教育途径，充分利用网络所具备的特有优势，提高大学生心理健康教育工作的实效性。

构建心理健康教育平台，促进心理健康教育信息化。利用网络平台将资源最优化，节约制作成本（传统课本印刷、线下宣传等），大学生能够在网上自由选择适合自己的课程教师等（以达到问题解决的目的）。同时，根据大数据的反馈能够更好地发展心理学。利用网络的形象性和新颖性丰富高校大学生心理健康教育的方法和手段。网络为大学生心理健康教育提供了多样化的选择，将文字、图画、声音等充分应用，更好地向大学生传递心理健康知识，让其更容易接受。而应用网络能够更方便、便捷地建立信息库，能够实施到每个学生的身上。而且对每位大学生每次心理健康教育相关活动的结果都建立个人信息档案，既能便于各项大学生心理健康教育工作的进行，又能促使大学生们更加认真地对待每次心理健康教育活动，使心理健康教育工作更具针对性，提高它的效用。同时还可以促进五位一体的心理健康教育模式的建立。而且目前我国高校都已建立了良好的校园网点，更加便于心理教育网络化。

优化心理健康教师队伍，完善心理健康教育体系。高校方面，完善高校网络心理健康教育体系建设，招聘心理健康教育专业骨干教师，扩大专业心理建教育师资队伍，设计更加简单易懂的课程，增加人文关怀，建立网络心理健康教育管理平台，加强心理健康教育顶层设计，充分利用校园网和互联网两大平台，构建完善的心理健康教育体系。加强网络心理健康教育平台建设，需要重视网络心理健康教育的意义，

能够引导大学生开展自我教育，建立大学生心理健康信息档案和及时反馈制度，注重各部门协同教育，提升整体心理健康教育质量。地方政府应出台相关政策配合高校网络心理健康教育管理，加大监管力度，努力创造一个良好的网络环境。在校大学生应该增强自我意识，主动接触心理健康教育，将其作为常识学习，加强自我修养，自觉抵制不良信息，文明上网。

根据"互联网+"背景下大学生心理健康教育的发展现状我们可以推论出大学生网络心理健康教育有着充分的发展前景，我国高等院校的校园网已经成为大学生心理健康教育工作的重要渠道。"互联网+"心理健康教育的"关注度"逐渐提高，越来越多的大学生慢慢知晓心理健康教育的意义。在"互联网+"背景下，充分利用网络已经成为大势所趋，人们现在离不开网络，互联网正在改变着我们的工作方式和生活方式。利用网络进行心理健康教育无疑会带来显著的效果。尽管互联网在大学生心理健康教育工作中的运用还存在一些不可避免的问题，但它在解决一些特定情况下的问题时却可以弥补传统心理健康教育手段存在的不足。"互联网+"大学生心理健康教育应引起高等教育工作者的高度重视，科学合理地运行这种显得教育手段，努力探索新时期网络心理健康教育的新模式，使其更容易被多数大学生学习，进一步优化大学生的心理素质，从而提高高校心理健康教育工作的有效性和实效性，促进大学生心理健康教育工作的蓬勃发展。

第二节 "互联网+"背景下大学生心理健康教育的"心"路径

高校少学时的心理健康教育课程教学设置，无法满足大学生心理健康持续发展的"心"需要。新媒体的功能与特性使得新媒体能够成为大学生心理健康教育的"心"出路。微信公众平台对大学生心理健康教育的"心"意义表现在通过微信平台发现"心"需求，通过微信平台普及"心"知识，通过微信平台宣传"心"活动，通过微信平台建设"心"桥梁。为更好发挥微信公众平台在大学生心理健康教育中的作用，高校应充分利用网络资源，将大学生心理健康教育工作融入微信公众平台之中，开发并运用具有自身特色的微信公众平台。开启网络心理健康教育的"心"时代，需要我们扎实做到"三个加强"，即加强微信公众平台的模块设计，加强微信公众平台的对象拓展与团队建设与加强微信公众平台网络心理健康教育的效果分析。

随着互联网信息技术的发展，我国高校传统的心理健康教育课程教学自身局限性越来越凸显，已经无法满足大学生心理健康可持续发展的"心"需要。因此，如何在新媒体背景下找到大学生心理健康教育的"心"出路,是我们每一位大学生心理健康教育工作者应该直面的课题。

一、大学生心理健康教育的"心"现状

近些年来,我国大学生心理健康教育工作取得了长足的进步,特别是在教育部颁布了《普通高等学校心理健康教育工作基本建设标准(试行)》文件后,各高校的大学生心理健康教育体系已经形成,但专业心理教师的师资力量相对薄弱,很多高校的《大学生心理健康教育》课程采用的是由学校仅有的几个心理咨询师来大班制集中授课。这种大班制授课模式,只能传授少量的心理健康的知识,却无法持续、有效提高学生的心理健康水平。当前大学生心理健康教育也大都仅限于课堂教学的形式,并完全寄希望于18周36学时的大学生心理健康教育课程,有些大学甚至还没有开设大学生心理健康教育课程,这使得当前大学生心理健康教育形式单调,内容匮乏。另外,很多大学生对大学生心理健康教育课程的态度比较冷漠,一来认为自己没有心理问题,不需要听课;二来认为大学生心理健康教育课程是副课,没有专业课那么重要。

高校少学时的心理健康教育课程教学设置,无法满足大学生心理健康发展的"心"需要。特别是高职高专院校大都施行的是"2+1"模式人才培养方案,即前两年在校学习专业理论知识,最后一年去各大事业单位与企业去实习,这种模式使得大学生在校学习的时间特别短,他们大部分时间都花在了专业课学习上,学校教学计划也不可能把重心放在大学生心理健康教育上,因此,绝大部分高校仅仅在大学一年级新生开学之际开设36学时的《大学生心理健康教育》课程,这样的课程也仅仅针对大学生的适应期,他们在大二的迷茫期、纠结期、思考期,大三的抉择期、实习期、就业期等都没有持续、系统的心理健康教育课程。每一年的五月二十五日是全国大学生心理健康日,众多高校都会在这段时间内集中开展心理健康诸如话剧表演、健康节等系列活动。这些活动能够增强学生的心理健康意识、普及学生的心理健康知识,提高学生的心理健康水平。但是,如果仅仅在五月集中开展心理健康教育活动,难免会造成心理健康流于形式,造成系列教育只在五月才重要的现象,造成日常心理健康教育不够充足。这种尴尬的局面是我们每一位大学生心理健康教育工作者所不愿意看到的。

二、新媒体背景下大学生心理健康教育的"心"出路

随着互联网信息技术的发展,新媒体也得到了快速的发展。近年来,特别是大学

生的心理问题越来越突出,引起了高校对大学生心理健康教育的高度关注。大学生心理健康教育开始普遍走进大学课堂,成为高校大学生的必修课程。针对高校少学时的心理健康教育课程教学设置无法满足大学生心理健康发展现实需要的现状,在日常生活中,除了教师教授心理健康知识,很多高校也开始结合新媒体的发展,利用微信公众平台的优势,向学生普及大学生心理健康知识,为大学生心理健康教育提供了新的理念,开创了新的平台。

据微信公众平的现有功能可知,目前的微信公众平台主要有订阅号微信公众平台、服务号微信公众平台和企业号微信公众平台三种服务版本。其中,订阅号微信公众平台主要用在传播信息方面,服务号微信公众平台主要对用户进行跟踪服务报道,企业号微信公众平台注重企业进行日常生产与管理。就大学生群体而言,订阅号微信公众平台是大学生心理健康教育的首选平台。因为订阅号微信公众平台的群发推文、自动回复和一对一交流三大功能能让大学生心理健康教育产生最佳的效益。其中,订阅号微信公众平台的群发推送功能就是平台可以每天不定时地向关注者发送一条心灵鸡汤,关注者在收到消息后可以自己慢慢品读理解。若是高校能充分利用该项功能,就可以每天向学生关注者发送一条与心理健康教育相关的心灵鸡汤,让关注者感受到心理健康教育处处在身边,从而打破心理健康教育只有心理健康节才重要的现象。自动回复功能就是平台作者通过编辑回复内容,作为自己与关注者互动时自动回复的消息,当关注者的言论符合自动回复的要求时就会收到相关的回复。若是高校能充分利用该功能,就可以将自动回复的功能应用在心理健康知识查询项目服务之中。一对一交流功能就是平台作者向关注者解答相关的心理困惑时显示出来的功能。若是高校能充分利用该功能,便可以更加方便地加强学校心理咨询师与有心理咨询需要、但是又碍于面子不敢到心理咨询室来的同学之间的交流。一对一交流功能使得心理老师可以通过后台及时答惑解疑,开辟了网络心理咨询的新天地。

新媒体的这些功能与特性使得新媒体能够成为大学生心理健康教育的"心"出路。

三、微信公众平台对大学生心理健康教育的"心"意义

互联网技术的快速发展,为高校学生心理健康教育工作注入了"心"的活力。在新媒体环境下,微信公众平台与大学生心理健康教育是密切关联的,其自身的特性决定了它有助于促进大学生心理健康教育知识的普及,有助于促进大学生心理健康教育水平的提高。新媒体内容是相当丰富的,使用起来很方便,在读者与作者双向互

动方面起到了很好的教育效果。另外，新媒体的发展也打破了大学生学习的时间与空间限制，他们随时随地都可以通过自己关注的相关新媒体得到所要了解的信息，这样更方便了学生主动学习。作为新媒体之一的微信公众平台也反映了这些特性，开发与运行网络心理健康教育微信公众平台，能够很好地利用其优势，积极宣传心理健康知识，能够持续不断地促进大学生的心理健康。高校利用微信平台这一技术手段，既可以及时了解大学生心理健康动态，搭建与学生之间的广阔交流平台，也极大丰富了大学生心理健康教育的内容。概而言之，微信公众平台对大学生心理健康教育的意义主要表现在以下几个"心"方面。

（一）通过微信平台发现"心"需求

高校在微信平台运用中期，可以向学生分发《大学生心理健康教育新媒体平台的使用情况》调查表，通过微信平台投票管理直接推送，可以发现高达百分之多少的学生认为新媒体对于自身心理健康教育起着较好的积极作用，百分之多少的学生表示新媒体没有多大作用，百分之多少的学生不支持新媒体心理健康教育的方法。百分之多少的学生认为在日常学习与生活中，当遭遇挫折压力的时候，寻找心理咨询师进行开导是宣泄情绪、缓解压力的良好途径，百分之多少的学生认为，当遭遇挫折压力的时候，可以直接寻求心联委员的帮助。百分之多少的学生认为情绪问题咨询至关重要，百分之多少的学生认为人际关系问题咨询至关重要。从而从整体上了解与把握学生的"心"需求。

（二）通过微信平台普及"心"知识

高校通过微信平台，可以向学生及时推送有深度、有温度的心灵文章，通过阅读增加学生的心理健康知识，提升学生的心理健康水平。高校微信平台可不定期推送心理相关栏目，推送内容围绕"学习、情绪、人格、自我评价、人际交往、恋爱、网瘾、求职就业、团队合作"等九大主题，开展关于"学习困难、厌学、偏科、躁狂、抑郁、焦虑、偏执、敏感、多疑、自卑、人际紧张、失恋、网瘾、就业迷茫、就业压力、团队松散、团队凝聚力不足"等问题的系列心理知识辅导，旨在发挥心理健康教育的心理疏导功能，帮助同学们了解自己的内心，把看不见的心理展现在自己面前，为同学们带来启迪和感悟，满足多层次学生需求，消除学生心理困惑。同时，高校可以通过微信公众平台向全校学生推送优秀心理书籍、经典心理影片，以及温馨心理小贴士等，传播心理健康知识。

（三）通过微信平台宣传"心"活动

高校可以坚持"三度"与"三结合"理念与原则，即新媒体微信公众平台有高度、有深度、有温度，将微信新媒体平台文化建设与大学生心理健康教育紧密结合，将微信新媒体平台内涵建设与学生积极反馈紧密结合，将微信新媒体平台心理专业特色建设与实践育人紧密结合，大力宣传心理健康实践育人活动。如在实践活动方面，可以实施阳光心理文化工程，形成"一个体系""两项行动""十个一项目"的总布局，"一个体系"即"健康教育、实践活动、咨询服务、危机干预"四位一体的心理服务格局，"两项行动"即"春蕾"行动与"秋阳"行动。"春蕾"行动以"5·25"心理健康教育月为契机，以系部为核心，融思想引领于心理健康教育之中。按照"五个一"项目的整体布局思想实施"春蕾"行动，协调推进阳光心理文化工程。"春蕾"行动"五个一"项目即举办一次心理情景剧，开展一次"情绪与压力管理"沙盘团体辅导，开展一系列心灵讲堂，举办一场趣味心理知识竞赛，举行一次心理征文比赛。"秋阳"行动则以阳光心理文化节为契机，以班级为重点，发挥心理的育人功能。按照"五个一"项目的整体布局思想实施"秋阳"行动，协调推进阳光心理文化工程。"秋阳"行动"五个一"项目即举办一次阳光心理趣味运动会，开展一次"人际关系"沙盘团体辅导，开展一系列阳光心理志愿服务活动，举办一场阳光心语书签展，举行一场阳光心理故事汇。

（四）通过微信平台建设"心"桥梁

高校可以大力推动新媒体平台建设工程，积极增强大学生心理健康教育的使命感与时代感。可以充分利用平台群发推送、自动回复、一对一交流等功能实现和特定群体进行沟通交流。同时，也可以为学生提供倾诉情感、讨论心理话题及心理咨询的平台，开设"扫码预约"和"树洞氧吧"等专栏。通过这些渠道，学生可以匿名参与互动，通过微信平台向咨询师留言，大胆讲出自己的心理困扰，满足学生自我表达的需求，有效建立心理咨询、心理交流于心理沟通的平台，搭建心理健康教育的"心"渠道。

四、微信公众平台在大学生心理健康教育中的"心"运用

"医专心理中心"交流平台建成。"医专心理中心"网络心理健康教育微信公众平台具有互动的功能，在"医专心理中心"网络心理健康教育微信公众平台的互动交流当中，学生心联干部往往扮演的是朋辈辅导员的角色，他们渴望锻炼自己的能力，渴望倾听求助者的声音，渴望做求助者的知心朋友。"医专心理中心"网络心理健康教育微信公众平台擅长通过微信朋友圈来推文，以便让更多的大学生分享到迷茫时的心灵鸡汤，增强了教育的广泛性，平台能够了解朋辈生活的点点滴滴，使得朋辈之间

相互支持，相互帮助。在校大学生一旦出现心理问题便可上"医专心理中心"网络心理健康教育微信公众平台寻求心理援助。"医专心理中心"网络心理健康教育微信公众平台具有人际交流的优质性特点，加强了教师与学生、学生与学生之间的沟通与交流，拓宽了同学们之间的交往空间、避免了同学们面对面交流隐私的尴尬，加速了网络心理健康教育朝着专业化化方向发展的步伐，从而优化了我校的学生心理健康教育工作。

（一）"医专心理中心"微信公众平台的模块设计

我校"医专心理中心"网络心理健康教育微信公众平台的模块设计一方面顺应了大学生的学习兴趣，也具备了一定的专业性和教育性，我校"医专心理中心"网络心理健康教育微信公众平台的模块设计与学校心理健康教育工作紧密结合，推动了我校心理健康教育的健康和谐发展。

建构三大模块。2016年12月，我校申请了"医专心理中心"公众微信订阅号，开发了"医专心理中心"网络心理健康教育微信公众平台。平台主要包括三个模块，每个模块由五个项目组成。一个模块是心理中心，主要有中心简介、咨询师、校心联部、同辈热线、心理协会；一个模块是心理服务，主要有健康教育、实践活动、咨询服务、预防干预、科学研究；还有一个模块是心理预约，主要由预约方式、个体咨询、团体辅导、沙盘疗法与催眠术构成。其中，"心理知识"主要普及学习、人格、情绪、自我评价、网络依赖、求职迷茫、人际困难、恋爱心理等常识与技巧；"心理技能"主要普及一些心理调节方法，如冥想放松、呼吸放松、打坐等方法；"心理动态"主要反映一些心理新闻；"认知测量"主要测量大学生的智力、创新力等认知因素；"情感测量"主要测量大学生焦虑、抑郁等症状；"行为测量"主要测量大学生的学习行为、反社会行为等。小心系列品牌板块，"小心说事"主要是分析社会的心理热点案例，并进行深入分析；"小心拾贝"主要是报道心理教育系列活动与心理素质拓展活动；"小心专论"是发布一些心理学研究成果等等。

融合五大任务。我校心理健康教育工作包括心理教育授课、心理咨询、心理健康教育活动、心理危机干预、心理骨干培训等几个方面，我校"医专心理中心"网络心理健康教育微信公众平台的模块设计思路尽量与这几类工作相结合。一是心理授课模块。心理教育授课主要由心理咨询中心专职教师与系部辅导员承担，"医专心理中心"网络心理健康教育微信公众平台通过心理知识来解释与补充老师们的授课。二是心理咨询模块。"医专心理中心"网络心理健康教育微信公众平台是一个心理咨询的平台，通过认知测量、情感测量，以及行为测量让学生了解自己心理状态，并根据测量的结果来预约心理咨询师。三是心理健康教育品牌活动。我校每年"5·25"心理健康节会组织全校性的心理情景剧表演、心理社团学生活动每周开一次讲座等,"医专心理中心"网络心理健康教育微信公众平台通过小心拾贝来跟踪报道。四是心理危机预防与干预。我校"医专心理中心"网络心理健康教育微信公众平台通过心理技能为学生建立完整的心理危机预防与干预知识库,供在校大学生了解与运用。五是心理骨干培训。我校"医专心理中心"网络心理健康教育微信公众平台通过心理动态传递学校心联部干部的培训动态,对培训的内容做跟踪报道与解析。

(二)"医专心理中心"微信公众平台的对象拓展与团队建设

以一带十扩大服务对象。在"医专心理中心"网络心理健康教育微信公众平台的建设初期,仅有10余名大学生关注,关注人群还都是学校学生会、学生团委干部,而到了中期,因大型心理健康教育投票活动要在平台上进行,关注人数瞬间爆棚,高达万余人,其中不乏外校的大学生。这种以一带十的教育对象拓展方式有效扩大了"医专心理中心"网络心理健康教育微信公众平台的服务人群,这些稳定下来的关注人群是心理健康教育的有效对象,有利于学校大学生心理健康教育知识的传播,有助于促进大学生心理健康教育水平的提高。

以老带新培育管理团队。在平台运用的团队建设方面,我校"医专心理中心"网络心理健康教育微信公众平台主要由学生干部来负责管理,平台运用的团队建设采用老带新模式,即让老一批学生骨干培训新一代学生干部,推动平台团队的可持续发展,这样的团队建设模式形成了网络心理健康教育微信公众平台建设的整体思路。由于"医专心理中心"网络心理健康教育微信公众平台具有操作性强的特点,故而,在"医专心理中心"网络心理健康教育微信公众平台的建设初期,我校为平台运营学生干部提供了较多、较好的操作培训机会,培训者为专业教师训练有素的上届学生干部。心理干部们充分利用自己的经验和网络资源,不断促进平台的创新建设与发展,充分利用壹心理、"5·25"心理健康教育网等第三方平台来提升大学生心理健康教育选文的吸引力。

(三)"医专心理中心"微信公众平台网络心理健康教育的效果分析

我校"医专心理中心"网络心理健康教育微信公众平台集教育性、管理性与服务性于一体,具有良好的教育功能。

"医专心理中心"助人氛围形成。"医专心理中心"网络心理健康教育微信公众平台以各式各样的大学生心理健康内容为建设重点,积极构筑了心理教育授课、心理咨询、心理健康教育活动、心理危机干预、心理骨干培训等几个方面的内容体系。"医专心理中心"网络心理健康教育微信公众平台中推送的经典好文与当下的社会主义核心价值观是密切相关的,很容易被广大大学生接纳,这样平台使得心理知识教育成为大学生获取正确价值观的重要依托。"医专心理中心"网络心理健康教育微信公众平台为广大在校学生学习心理健康知识提供了较好的平台,通过"医专心理中心"网络心理健康教育微信公众平台,广大大学生了解到了外界更多的心理正能量,帮助学生健康成长,促使学生助人自助。

"医专心理中心"品牌项目完成。当下,"医专心理中心"网络心理健康教育微信公众平台结合我校的校园文化特点,创设了三个较为有特色的心理品牌,一个是静心减压团体辅导,一个是人际沙盘团体辅导,还有一个是小心系列品牌,这些心理品牌系列与学生的学习生活密切相关,深受大家的追捧与欢迎。每一个品牌推文都做到了生动有趣、贴近现实、案例生动、评论客观、活动鲜活,吸引了广大学生,不到半年时间,目前已经关注平台的学生超过万余人,也包括一批校外学生。

心脑血管类疾病包括脑血管类疾病和心脏血管类疾病,以中老年患者为主要发病群体。心脑血管类疾病具备高发率、高残率、高亡率等特点,不仅影响中老年患者的身体健康,更威胁患者的生命安全。为探究合理化临床用药对心脑血管类疾病患者的治疗影响,本实验以我院收治的 386 例心脑血管类疾病患者为研究对象进行实验,现将实验报道如下:

总而言之,在微信公众平台环境下,网络心理健康教育渐渐成为大学生依赖的新型教育方式。微信公众平台的普及应用,改变了以往大学生心理健康教育仅仅靠单纯课堂说教的模式,让在校大学生逐渐掌握了心理学习的主动权,微信公众平台的发展使得大学生心理健康教育的方式更加新颖,使得大学生心理健康教育的渠道更加宽广。

第二节 "互联网+"背景下大学生心理健康教育课程体系构建

地方院校大学生心理健康教育课程体系的构建由于受到各种条件的限制,一直未能取得良好效果。而互联网的发展会给大学生的心理健康产生潜移默化的影响,因此,在当前"互联网+"的时代背景下,构建大学生心理健康教育课程体系尤为重要。本节将较为详细地阐述地方院校大学生心理健康教育课程中存在的具体问题,并对具有本校特色的"五结合"心理健康教育课程体系进行总结,为进一步提高地方院校课程的科学性和实效性提供借鉴。

在高校心理健康实际工作中,心理健康教育课程覆盖面广、实效性强,对培育大学生的健康心理至关重要。随着互联网的发展与进步,构建大学生心理健康教育课程体系显得尤为重要。自2014年开始,面对"互联网+"大背景,我校在大学生心理健康教育课程上做出了一定程度的改革与创新,构建了具有本校特色的心理健康教育课程体系,为进一步提高地方院校课程教学现代化水平提供参考。

一、地方院校大学生心理健康教育课程体系存在的问题

(一)课程内容缺乏实操性

"互联网+"背景下的地方院校大学生心理健康教育课程的教学内容大多注重对学生进行理论知识的普及,注重提升大学生的自我心理调适能力。前者属于陈述性知识,如大学生心理健康标准、常见心理困惑等;后者属于程序性知识,主要包含情绪管理、人际交往等内容。虽然教学内容涉及相关专题操作的步骤,但学生要如何根据自己的实际情况,将理论运用到生活中,还缺乏相应的指导。而且由于课程内容未融入互联网因素,忽视了"互联网+"背景下,互联网对当代大学生心理健康的影响。

(二)教学模式相对单一,缺乏灵活性

地方院校大学生心理健康教育课程的教学模式最主要的表现形式就是心理学科课程,几乎没有培养学生心理逻辑方面的内容,课程模式缺乏一定的灵活性。另外,学生参与度较低也是满意度不高的原因之一。而且互联网是与当代大学生生活与学习息息相关的工具,高校心理课程教学中也应将互联网的优势最大化。因此,大学生心理健康教育课程中的教学模式应该遵循专业化、多样化的原则,积极使用互联网教学,增强课堂的趣味性。

(三)教学方法偏重讲授式,不够多元化

在"互联网+"的时代背景下,地方院校大学生心理健康教育课程的教学方法仍然采用传统的讲授式。近几年,虽然多媒体教学逐渐走入大学课堂,但模式仍然僵化,学生只是跟着课件走,师生互动不足。研究表明,在案例分析、小组讨论、团体活动、教师讲授等众多教学方法中,偏向于选择教师讲授的大学生比例最低。研究者们也更提倡采用心理拓展训练、心理戏剧、课堂心理测验等多元化方式进行教学,提高学生学习的主动性。

（四）教学管理投入不足

我国相关部门明确规定，地方院校应该积极把大学生心理健康教育课程纳入高校的教学计划和培养方案中。同时，由于我国高校心理健康教育在师资力量方面比较薄弱，所以迫切需要加强我国高校的心理健康教育教师队伍建设。除此之外，地方院校还存在"教师欠缺培训""学校不重视"等问题，由此可见地方院校对该学科建设的重视程度不足。另外，大学生心理健康教育课程本身具有特殊性，需要任课教师具备相应心理学知识背景。在互联网高速发展的时代，需要进一步加强大学生心理健康教育。在当前这个互联网高速发展的时代，教师完全可以通过各种途径提高自身素养，使自己在专业课程领域得到成长。

三、"互联网+"背景下地方院校大学生心理健康教育课程体系的构建

（一）注重预防、矫治心理问题与提升心理健康素养的有机结合

在心理健康课程目标的设置中，我们应重视加强心理问题的预防和矫治。要通过一系列专题课程教学，让学生系统地掌握预防心理问题的知识，做到防患于未然。除此之外，高校还应重点提升大学生心理素质，提升大学生的心理健康素养，培养大学生积极向上的心态。与此同时，还须教会大学生正视心理问题，提高其解决心理问题的能力，让大学生拥有健康、良好的心理素养。

（二）注重理论教学与实践环节的有机结合

在教学内容的设置中，一方面，我们要加强心理健康理论知识的系统化教学，采用必修课和选修课相结合的方式，让学生系统地学习、熟练地掌握相关心理健康知识，帮助学生理解心理健康知识，培养其灵活运用知识的能力。另一方面，我们要注重加强实践环节的设计和实施。这些实践活动既有心理游戏，也有感悟分享，还有实践体验，目的是让学生学会运用心理健康知识分析、解决自身问题。

（三）注重线下课堂教学与线上自主学习的有机结合

在"互联网+"背景下，高校在课堂教学中融入互联网因素十分必要。在心理健康教育课程的教学方法中，积极开展认知性课堂教学，应以从激发兴趣到形成能力、从自主互动到合作探究、从能力拓展到素质提升的思路去传授知识。除此之外，要积极引导学生利用课余时间，借助互联网的丰富资源展开学习，拓宽视野，培养自学能力，提升心理素质。互联网具有显著的开放性与共享性，大学生可以通过互联网查询

自己想要了解的内容,同时高校教师要给予及时正确的引导,用互联网辅助教学。高校教师也可以利用互联网上丰富的教学资源开发新的心理教育课程,为心理教育课程体系的构建贡献自己的一份力量。

（四）注重专职教师能力提升和兼职教师素养提升的有机结合

我国地方院校的心理健康教育教师必须具备坚实的理论基础、娴熟的教学技巧、深厚的咨询功底、良好的人格品质,才能培育大学生树立正确的心理健康观念。高校心理健康教师队伍一般采用专职教师和兼职教师相结合的模式,因此一方面要完善教师任用机制,对教师的选拔、培养、使用和考核环节严格把关,构建高标准、高素质的教师队伍。另一方面,要注重教师队伍的专业培训,着力提升心理健康实务工作的能力和素质。还要建立激励机制,提高教师的身份认同感和自我价值感,打造一支业务精湛、师德高尚、结构合理、充满活力的心理健康教育专业化师资队伍。不管是专职教师还是兼职教师,都应该充分利用各种渠道提高自身的专业素养,使"互联网+"背景下高校大学生的心理健康教育得到进一步加强。

在"互联网+"这一时代背景下,社会是瞬息万变的,大学生心理健康教育课程体系的构建同样也是一个随时代变化的动态发展过程,因此大学生心理健康教育课程体系的构建应该紧跟时代的步伐,不断地发展与完善。在教学模式上,要充分发挥隐性课程的作用,达到"润物细无声"的效果;在教学方法上,要充分结合互联网中丰富的教学资源,让互联网走进心理教育课堂,增强课堂的趣味性。总的来说,心理健康教育课程对大学生的心理健康起着极其重要的作用。因此对大学生心理健康教育课程体系的构建,一定要结合时代特点和大学生本身特点大胆地改革与创新。最后,在高校教学中要发挥出互联网的优势,争取发挥最佳的课程教学效果。

第三节 "互联网+"背景下大学生心理健康教育模式建构

"互联网+"背景下对高校心理健康教育工作提出了新的挑战和新的机遇。科学总结互联网背景下高校心理健康教育的新特点,准确把握大学生心理健康教育规律,遵循以人为本、因材施教、发展性、全体性的心理健康教育原则,从教育队伍、教学资源、教育理念、网络优势等方面建构大学生心理健康教育的新模式,提高当代大学生的心理健康水平,促进他们成为能担负起民族复兴伟业的时代新人。

随着信息技术的迅猛发展和广泛应用,互联网已经成为社会生活中不可或缺的基础性构建,正以前所未有的发展速度影响着人们的求知路径、思维方式和价值观念。大学生最具活力、最富求知欲,是互联网的热衷者和实践者,在互联网应用方面发挥着主流作用。互联网在给大学生带来生活便利、言论自由的同时,其负面效应也日益凸显,极大地影响着大学生的思想、行为、人际关系等心理健康的方方面面。

一、互联网对大学生心理健康的主要影响

海量异质的网络资源构成了独特的网络文化与网络环境,极大地增加了大学生获取信息资源的途径,丰富了他们的学习和生活,也改变着他们的认知水平、思维方式和行为方法,影响着他们的心理健康状况。具体来说,互联网对大学生心理健康的影响主要有以下方面:

网络信息的多样性对大学生认知水平的影响。网络信息的多样性极大地拓展了教育资源,丰富了教育内容,创新了教育形式,形成了有利于社会主义教育的教育合力。同时,在网络空间里,多种价值观念大量涌现和并存,不同社会思潮相互交错、相互激荡,大量含有色情、暴力、恐怖等内容的不良信息屡禁不止并且愈演愈烈,使大学生的身心健康受到严重威胁。特别是某些西方国家和反动人士借助网络信息平台向我国传播、输入某些不利于我国社会主义建设的反动言论与价值观念,不同程度地影响了我国大学生的健康成长。在我国,绝大多数的大学生是处于青年中期(18-24岁)这个年龄阶段。在这个阶段,个体生理机能已接近完成,其文化素质、知识水平不断提高,自我意识也逐渐增强,对外界事物有着自己独特的见解,但受心理发展不成熟、社会阅历不丰富、社会实践能力不强等因素的制约,他们对于外界信息充满好奇,缺乏理性的思考和辨别,容易受到不良信息的蛊惑,某些辨别能力不强的大学生容易思想上遭受各种精神垃圾的侵染,导致其价值取向紊乱、道德认知混乱。

网络交往的开放性对大学生人际关系的影响。网络环境的开放性与网络主体个性化、去利益化,使得大学生放下心中戒备,大胆向网络世界的交往对象倾诉秘密、吐露心声、诉说苦闷等。从这一方面来看,这有利于大学生发泄心中不良情绪、排解内心压力,同时也有利于促进大学生积极情绪的培养、健康人格的养成。然而,网络空间毕竟是虚拟的,依附于网络的人际交往也必将带有虚拟的特点。而大学生对生活充满激情与活力,正处于情感丰富的阶段,价值观念尚不平衡、不稳定,时常处于波动、迷茫与抉择之中,情绪变化起伏很大,难以理性对待现实世界与虚拟世界中的人际关系。如果大学生长时间沉溺于网络交往,对现实的人际交往缺乏激情,往往导致其在现实生活中陷入孤立无援的境地,诱发如孤独、苦闷、悲观、孤僻、忧虑、多疑等心理问题。

网络环境的虚拟性对大学生行为方式的影响。环境是人赖以生存和发展的各种因素的总和，主要包括自然环境和社会环境。人的生存和发展，人的思想、行为与心理的形成与发展都与环境密切相关。正如马克思所说，"环境的改变和人的活动的一致，只能被看作是并合理地理解为变革的实践。""人创造环境，同样，环境也创造人。"人们所处的时空环境影响人的心理和行为模式的产生，反之，人的心理与行为也会促进网络时空虚拟环境的形成。大学生正处于人生观、价值观、世界观形成的关键时期，心理发展还不成熟，人格发展还不完善，思维能力以及社会实践经验还不丰富，极易受到外界环境的干扰。在崇尚主体个性化、追求主体自由化的时代，虚拟网络在一定程度上增强了大学生的自我意识，丰富了他们的情感，张扬了他们的个性，但这不意味着大学生人格发展的优化与心理发展的成熟。相反，过度自由的网络世界会让部分自我约束力不足、自律意识淡泊的大学生滋生出某种为社会主流意识形态所不相容的心理与行为模式，从而忽视社会规范和道德准则的制约，在行为上表现出极大的放纵和随心所欲，在认知上混淆现实世界与虚拟世界，进而产生严重的心理变态和行为偏离问题。

二、"互联网+"背景下大学生心理健康教育的显著特点

很多技术都是"双刃剑"，互联网同样如此。因此，在互联网背景下，准确掌握大学生心理健康教育的特点，洞悉网络心理健康教育的形成和发展规律，防止并尽可能缓解网络对心理健康教育的负面影响，引导大学生充分利用网络资源优势培养积极的心态、塑造健全的人格，增进心理健康，这对大学生心理健康教育具有巨大的现实意义。

网络突破了时空界限，加速了信息传递，拓宽了教育渠道。互联网背景下的心理健康教育打破了传统心理教育的时空界限，为教育双方提供了可以随时随地交流和沟通的平台。教育双方可以随意选择交流时间，通过网络视频、QQ、微信、微博等方式进行交流。同时，网络技术的发达性与先进性，可以记录和保存双方交流的内容，教育工作者可将相同或类似问题集中归档，建立学生心理信息资源库，并在实践教学中进一步扩充。此外，还可以利用丰富的网络教育资源，拓展教育渠道，利用网上咨询工作室、心理教育模拟情景剧、心理知识学习库等，向学生传播心理健康知识，引导学生了解自己的心理状况，及时化解心理问题，从而树立正确的价值观念，增强心理健康素质。

网络丰富了教育资源，形成了教育合力，提高了教育效率。网络整合了大量的心理健康教育资源，扩大了心理健康知识信息库，丰富了心理健康教育知识，满足了学

生的信息需求。在网络空间中，大学生可以根据喜好与兴趣选择自己需要学习的心理健康知识，积极进行自我教育与自我反思；教师也可以借助QQ、微信、微博等方式与学生共同商讨在学习和社会生活中遇到的困惑，在沟通过程中普及心理健康知识，疏通学生的心理烦恼，帮助学生解决心理问题与心理困扰，从而形成有利于心理健康教育的有效合力，提高教育效率。

网络调动了教育主体的积极性，创新了教育方式，发展了教育理念。互联网背景下，可以采用图片、文字、音乐、影像、动画等相结合的方式，以学生喜闻乐见的形式传播心理健康知识，极大地调动学生学习的积极性。同时，网络教育资源丰富、视野开阔，便于高校教育工作者开展心理健康教育实证调查研究和分析，及时、全面了解学生的心理状况，从而在线上线下开展有针对性的心理健康教育，实现线上线下教育同步进行，弥补现实教育的不足。此外，教育工作者在网络教育的过程中，要充分利用网络便捷性、平等性、互动性等特点，积极引导学生进行自我教育，发展自助助人的教育理念，提高教育的实效性。

网络扩大了交往范围，传递了心理动向，增强了预警功能。在互联网背景下进行心理健康教育，可以通过全方位、多层次的信息传输扩大学生的交往范围，增加学生与外界交流的机会，为广大学生特别是性格内向、羞于言谈、社交能力较弱的学生提供思想交流和人际交往的平台，突破了现实心理健康教育的局限。同时，教育工作者借助网络的虚拟性、匿名性、开放性等优势，以朋友的身份与学生进行平等、自由的沟通，在交流的过程中能及时准确地掌握学生的心理动向，了解学生的心理状况，及时化解、有效预防学生的心理困扰，从而增强学校对学生心理问题的预警功能。

网络注重私密性，满足了心理需求，激发了教育活力。网络的虚拟性、匿名性满足了大学生注重保护隐私的心理需求，建立了师生之间相互信任的心理基础，使得学生愿意放下心中顾虑，在宽松、平等、自由的环境中展现自我、发挥个性，直抒心中苦闷之事，畅所欲言，大胆地将自己的真情实感流露出来，从而为教师有针对性地开展工作创造了条件、激发了教育活力。

三、"互联网+"背景下大学生心理健康教育的基本原则

网络心理健康教育是一种以心理健康教育的基本理论和操作规律为指导、以互联网为依托的全新模式和理念，是心理健康教育适应时代发展的产物，是心理健康教育发展和创新的具体体现。因此，必须坚持一定的教育原则，采用科学的态度与方法，才能取得预期的效果。

坚持以人为本原则。以人为本原则在高校心理健康教育领域的本质在于突出人

的发展,把人看作是具有独特个性的个体和特定思维的主体,注重启发学生的内在需求、疏导学生的心理困惑、排解学生的学习压力、引导学生的正确行为,激发和调动他们学习的积极性、主动性和创造性,使他们将心理健康教育的积极影响主动内化于心、外化于行,逐步形成健全的人格和过硬的心理素质,最终达到健康成长、全面成才的目的。

坚持因材施教原则。每个学生都具有自己独特的个性特点,拥有不同的家庭环境、人际关系、情感需求、认知水平、价值观念等。因此,坚持因材施教原则,教育者首先要树立因材施教的教育理念,重视个别差异,根据学生的不同心理发展特点和身心发展规律,选择恰当的教育方法对其进行有针对性的心理健康教育,从而促进学生的全面发展。

坚持发展性原则。首先要认清大学生心理健康问题的形成是一个发展的动态过程,要用发展性的眼光来看待大学生的现在、比较大学生的过去,预测大学生未来可能出现的心理问题,弄清大学生心理健康问题的来源及可能发展的方向,进而对其给予针对性的心理疏导和人文关怀,预防某些心理问题乃至精神疾病的产生。同时,要认识到大学生的成长也是一个发展的动态过程,用发展性的眼光看待大学生,帮助他们树立有价值的生活追求,认清自身的潜力,充分发挥个人潜能。

坚持主体性原则。大学生的发展是一种主动的过程,外部施加的心理健康教育要引起大学生自身的改变必须先引起大学生主体的心理矛盾,才能使其获得发展。若大学生没有主动学习与主动发展的意识,那么心理健康教育就没有意义。因此,坚持主体性原则,必须从大学生的实际情况出发,以提高大学生的心理素质、促进其人格健全发展为目的,激发他们学习的兴趣,鼓励他们进行自我教育,引导他们自己去思考、比较、分析问题,最终实现"助人自助"。

坚持全体性原则。首先必须认识到心理健康教育的实践活动是针对全体学生,是为了解决学生中普遍存在的一些问题,以提高绝大多数甚至全体学生的心理健康素质而开展的。同时,还需认识到世界是普遍联系的,大学生群体之间是相互联结、相互影响、相互作用的,若只针对某部分学生进行心理健康教育,而忽视大多数正常的学生,让大学生中普遍存在的问题继续发展蔓延,最终将无法提高全体学生的心理健康水平、增强全体学生的心理素质。

四、"互联网+"背景下大学生心理健康教育的模式建构

在网络心理问题频发的今天,网络心理健康教育已然成为高校大学生心理健康教育的一个重要组成部分。高校心理健康教育工作者要认清互联网新环境对大学生

的影响，利用互联网的优势，积极探索开展大学生心理健康教育的新思路与新方法，努力建构大学生心理健康教育模式，引导大学生成长为能担负民族复兴伟业的时代新人。

贴近学生需求，打造专业化、现代型的心理健康教育工作队伍和服务网络。在"互联网+"背景下，面对网络心理问题频发等新情况，建立一支适应新情况、新问题、新要求的新型专职化、专业化和专家化的教育工作队伍，构建一个大学生心理自助互助的网络体系迫在眉睫。

首先，培养一批专业化的心理健康教育专业人才。他们不仅要具备雄厚的专业知识、理论基础以及实践能力，还要掌握新型的网络电子信息技术，学会利用网络资源与网络技术及时了解学生的心理发展状况，分析学生的心理问题，全面准确地掌握学生的心理动向，并将掌握的网络信息技术熟练地运用到心理健康教育实践中去，使心理健康教育不仅专业、生动，而且富有精准度、感染力与实效性。

其次，建立一支以专为主、专兼结合的相对稳定的心理健康教育工作队伍，将高校辅导员纳入心理健康教育工作体系中来。高校辅导员具备一定的思想政治教育知识，又从事着最贴近学生学习、思想等方面的工作，是最接近学生的群体。因此，高校应加强对辅导员队伍进行心理学、精神医学、心理咨询学等专业知识的培训和指导，使之制度化；同时还要经常性地开展业务咨询等实践活动，提高他们的实践水平，推动理论与实践的结合，充分发挥他们在大学生心理健康教育中的作用。

最后，构建一个以网络平台为载体、以教师为主导和以学生为主体的大学生心理自助互助的网络体系。高校应当依托高校心理健康教育管理指导中心，立足院、系大学生心理健康辅导工作室，着眼班级干部的朋辈心理健康教育小组，建立三级心理健康教育工作体系。通过对学生成员进行一系列的心理健康知识和心理咨询技能的培训，开展网上心理辅导等心理互助活动，让学生切身体验心理健康的重要性，改变学生对心理健康教育的偏见，提高学生参与心理健康教育活动的积极性、主动性，从而发挥朋辈心理咨询与辅导的积极作用，帮助他人走出心理困境。同时提高自我认知和自我调节能力，最终实现自助互助的目的。

利用网络优势，建立全方位、多层次的心理健康教育教学体系和活动体系。网络具有超越时空界限、扩大交往范围、集合教育资源、注重私密性、激发学生积极性等特点。高校应充分重视并利用网络的这些特点和优势，整体规划，稳步推进，逐步建立一个全方位、多层次的网络心理健康教育教学体系和活动体系。

首先，建立满足大学生信息需求的、富有吸引力的学习网站。网站采用分层设计，既要有满足学生信息需求的各类心理书籍、心理自救常识、具有积极意义的心理健康服务类网站等，又要有如观看寓教于乐的经典心理影片等活动，使学生在获得心理健康知识的同时，加深对自己生命价值的把握。同时，根据不同大学生身心发展的特点，开展各类网上调研和网络心理测试等，科学测评大学生心理状况，准确把握大学生的心理动态，引导大学生的心理与行为发展方向沿着符合社会规范和道德要求的轨道前进。网站页面要富有青春活力，能够吸引学生眼球，从而调动学生积极参与，提高网站的点击率与利用率。

其次，开设专业、生动、规范的网络心理健康教育课程，以关注大学生的心理健康状态和心理健康成长为焦点践行积极性教育。大学生心理素质的提高离不开相应的心理学、医学、卫生等专业知识的掌握。因此，高校可以采用图片、文字、音乐、影像、动画等多种方式，结合案例教学、心理健康知识讲座等专业课程，制作专业、生动、富有感染力的教学课件或选用权威的规范性的教学课件，开设适合大学生身心发展规律的网络心理健康教育课程，并给予相应的学分，支持、鼓励、引导大学生根据自己的心理需要、兴趣偏好，有选择地加以学习，获取心理健康知识，增强自我教育能力，提升心理健康教育的教学效果，促进大学生心理素质的优化。

再次，开展各类具有科学性、实用性、专业性的网络心理咨询。网络心理咨询就是指心理咨询的专业人员，利用计算机网络的开放性、匿名性、及时性等优势，向具有心理困惑、心理矛盾、精神痛苦等问题的来访者提供心理上的帮助的过程。网络心理咨询超越了时空的限制，避免了现实咨询中的尴尬困境，操作性较强。大学生可以根据自己的实际情况，自主选择咨询方式，可以进行团体咨询或者个体咨询。通过网上咨询，能及时帮助大学生摆脱心理困境，走出心理阴霾，克服情绪障碍，从而纠正认知偏差与不良行为，形成正确的人生观、世界观与价值观。

最后，构建大学生心理咨询反馈系统，建立学生心理信息资源库。高校心理健康教育工作者可以借助网络心理咨询平台，利用电子邮箱等方式，构建大学生心理咨询反馈系统，使学生可以就自己的学习感悟、疑惑或问题、意见进行留言咨询，把自己的思想用文字表达出来。同时，还可以将留言或咨询过程中具有相同或类似问题集中归档、集中整理，建立学生心理信息资源库，从而有利于高校从全体学生的角度把握大学生的个性心理特点和心理健康状况以及大学生的心理素质状况，有利于高校心理咨询与辅导机构与学生工作部门、学生心理咨询团体之间建立起高效、便捷的心理信息沟通与反馈机制，也有利于高校制定切实可行的心理健康教育计划。

更新教育理念，整合传统教育与网络教育优势，发挥心理健康教育与思想政治教育的合力。

首先,更新教育理念。高校心理健康教育工作者要明确大学生心理健康教育是一门具有特定规律和特点的学科,是一项根据大学生身心发展特点,有针对性地对大学生的情感、认知、行为等方面进行疏导和教育,以提高全体学生的心理素质的实践活动。在互联网背景下,高校心理健康教育工作者应牢固树立终身学习的理念,坚持理论与实践相结合的原则,积极研究与探索,不断解决其发展过程中出现的新问题、新情况,不断探究其发展规律,从而构建大学生心理健康教育的新模式。

其次,整合传统教育与网络教育的优势。利用网络信息技术对大学生进行心理健康教育具有加速信息传递、拓宽教育渠道、整合教育资源、提高教学效率等优势。同时,在构建网络心理健康教育新模式时,应充分考虑不同学生的心理发展水平以及心理问题发展程度,选择不同的心理咨询与辅导方式,将网络咨询和辅导与传统心理健康教育相结合,实现二者的优势互补,不断促进心理健康教育工作的发展,创造更大的心理健康教育价值,最大限度地满足大学生心理健康的需求。

再次,要充分发挥心理健康教育与思想政治教育的教育合力。心理是思想的基础,心理活动的发展方向制约着思想的发展变化,反过来,思想活动的发展变化也影响着心理活动的发展方向。换句话说,心理健康教育与思想政治教育是辩证统一的,两者虽存在差异,但却相辅相成,共同促进着人的全面发展。大学生思想政治教育的根本任务是立德树人,旨在提高人们运用马克思主义改造社会的能力以及道德实践能力;心理健康教育则旨在通过运用心理咨询与辅导等方法,帮助教育对象摆脱心理上的亚健康状态,培育积极情绪与潜在品质,提高心理素质,促进身心全面发展。因此,高校在网络心理健康教育过程中要渗透思想政治教育的内容,综合运用思想政治教育方法与教育艺术和心理健康教育咨询与辅导技术,引导学生克服一些不健康心理和偏激行为与观点,从而提高大学生心理健康的水平,形成正确的世界观、人生观和价值观。

第四节 "互联网+"背景下大学生网络心理健康教育机制

在"互联网+"背景下,大学生的心理健康会受到网络的深刻影响,如何在互联网大发展背景下提高大学生的网络心理健康水平,降低网络对大学生心理健康的危害是一个值得探究的问题。本节首先分析了"互联网+"背景下开展大学生网络心理健康教育的必要性,然后分析了"互联网+"背景下对大学生心理健康教育的影响,最后重点探究了"互联网+"背景下高校如何构建大学生网络心理健康教育机制,以期高校培养出更多高水平、高素质的综合型人才。

一、"互联网+"背景下开展大学生网络心理健康教育的必要性分析

(一)"互联网+"背景下的发展需要

随着互联网技术的快速发展及"互联网+"时代的到来,在大学校园中数字化信息得到了不断普及,这一发展变化深刻改变了大学生的生活学习状态。大学生的认知行为向情感心理转变,学习研究向休闲娱乐发展。互联网的发展不仅对大学生有着强烈的吸引力,而且还会让他们感到心理上的困扰。单纯地应用传统的心理健康教育方式是无法解决当下大学生的心理问题的,反而会让大学生更加难以适应"互联网+"背景下的发展。因此,在"互联网+"背景下我们有必要对如何开展大学生网络心理健康教育进行探索,开辟新的教育方式以满足大学生的心理健康需求。

(二)解决大学生网络心理健康问题的需要

互联网环境是复杂的,许多安全保障机制是不健全的,大学生沉溺其中很容易造成一定的心理健康问题。互联网对大学生容易造成以下几个方面的心理健康危害:第一,容易让大学生发生角色错位,沉溺于"人机"交往而忽视人际交往;第二,容易让大学生发生人性异化,在人格结构方面更多地表现出数字化倾向;第三,容易让大学生出现自我迷失;第四,容易弱化大学生的道德自律,从而做出道德失范的行为;第五,容易使大学生沉溺网络无法自拔。因此,高校应采取有效措施避免这些问题的出现,加强对大学生的网络心理健康教育。

二、"互联网+"背景下对大学生心理健康教育的影响分析

(一)"互联网+"背景下对大学生心理健康教育的积极影响分析

在"互联网+"背景下开展大学生心理健康教育,从其积极影响来看主要包括两方面。其一,互联网的发展丰富了大学生心理健康教育的途径。当下高校的心理健康教育方式主要是课程讲授,并辅以心理咨询室、心理健康讲座等形式,整体上来说气氛较为呆板,形式较为单一。对于心理咨询室,学生一般是具有抵触心理的,他们去做心理咨询受到其他人的嘲笑。而不管是心理讲座还是心理课,基本上是教师给学生讲解一些基本的心理知识,学生并没有机会去主动探究心理知识并将其应用到实际生活中。但是互联网给了学生新的途径去表达自己的心理问题,而且还可以通

过互联网去了解更多的心理学知识,对于在课堂中并未理解的知识,学生有了去深入探究的有效方式。互联网真正丰富了大学生心理健康教育的途径。其二,互联网可以为学生提供丰富的学习资源。在课堂授课中,由于受到课时的限制,教师往往只能讲授一些心理学的基础知识,很难把知识应用到实际生活中。而且随着互联网的发展,学生获取知识的渠道日益丰富,视野日益开阔,导致课堂授课内容很难引起学生的兴趣。面对这一情况,教师可以充分利用互联网丰富课堂授课内容,从学生的感兴趣的话题入手,通过理论与实际的相结合,提高学生对心理课学习的兴趣,提升心理课教学效果。

(二)"互联网+"背景下对大学生心理健康教育的消极影响分析

在"互联网+"背景下,互联网为大学生提供了丰富的有关心理健康的技能与知识,但是互联网中也充斥着大量色情、暴力、反动等网络糟粕文化。而且大学生正处于人生观、世界观、价值观的形成时期,面对这些糟粕文化他们并不具备坚定而正确的选择倾向,往往是全盘吸收。所以,在"互联网+"背景下大学生十分容易受到网络中不良文化的影响,基于此,在这一时代背景下高校心理健康教育也面临着前所未有的挑战,肩负着更加繁重复杂的教育任务。"互联网+"背景下,高校的心理健康教育不仅要把书本中基本的心理健康知识教授给学生,还要帮助学生正确看待网络中良莠不齐的文化,教给学生如何在网络文化中取其精华去其糟粕,从而促进大学生心理的健康发展。

三、"互联网+"背景下高校如何构建大学生网络心理健康教育机制分析

(一)要明确大学生网络心理健康教育的目标

对大学生进行网络心理健康教育,就是把相关的心理健康理论知识、资源、信息、方法等运用大学生喜闻乐见的网络形式传递给他们,从而实现大学生心理健康教育的两个目标。其一,通过宣传、普及相关心理健康知识,帮助大学生增强心理健康保健意识,掌握一定的心理调节方法,在日常学习、生活中保持积极向上、乐观健康的心态,从而预防、控制、减少大学生出现心理问题与心理危机。其二,通过网络心理健康教育激发大学生的内在潜能。按照积极心理学的观点,每个人都拥有与生俱来的积极向上的潜能,而对大学生进行网络心理健康教育就是要激发大学生这种积极向上的潜能,促使大学生生命价值的实现。

（二）建立健全网络心理健康教育的引导与监管机制

在虚拟、自由的互联网中，学生很容易沉溺其中，如沉溺于网络游戏、网上购物、网络社交等，不仅会耗费很多时间，影响正常的学习生活，甚至还会出现由于自身随意的网络言行而弱化道德意识的现象。所以，开展大学生网络心理健康教育就必须建立健全网络心理健康教育的引导与监管机制，增强大学生的网络自律意识。其一，加强外部力量建设进行引导。高校需要建设一支具有熟练网络专业技术的心理健康教育师资队伍，可以灵活自如地通过网络与学生进行有效、及时的交流沟通，敏锐地感知学生心理动态，对于大学生在网络中的不良言行进行及时的监管、引导、干预，避免不良舆论的产生。其二，加强内部力量的驱动作用。大学生作为网络心理健康教育的主体，必须拥有一定的网络自律精神与能力，在使用网络的过程中养成良好的行为习惯，以内部力量驱动自己形成健康向上的网络心理。

（三）高校要积极营造健康向上的网络文化环境

在"互联网+"背景下，高校要综合运用多种社交平台，如微博、微信、QQ 等进行校园网络文化的传播。可以通过视频、文字、语音、图片等形式在多平台实现全方位的互动、交流，实现网络心理健康教育形式的创新。其一，高校坚持社会主义核心价值观的指导，与社会焦点相结合建设高校红色门户网站，做好大学生价值观的引导教育工作，在网络舆论中掌握主导权。其二，高校要加强建设网络文化。在网络空间中要坚持包容的态度，敏锐把握大学生在网络中的心理变化、思想动态，以大学生的心理变化为基础主动出击，加强校园网络文化建设，为大学生的心理健康发展营造积极、健康的文化氛围。

（四）建设专业化、高素质的网络心理健康教育师资队伍

开展大学生网络心理健康教育离不开师资队伍的支持，教师专业水平与素质的高低直接影响了教学水平的高低，所以高校必须重视网络心理健康教育师资队伍水平建设。其一，高校应大力聘请专业化、高素质的心理教育工作者及专业心理医师等，积极开展网络心理健康教育教学活动，从根本上提高师资队伍水平；其二，高校应建立健全教师培训机制，利用课题研讨会、兄弟院校交流、公开课评选等方式，提高教师的专业化水平与素质，从而在网络心理健康教育中引进新知识、新理论及新观念。另外，还可以加强资源整合，与知名医疗卫生机构、心理咨询室等建立合作，针对大学生存在的网络心理健康问题开展多元化的教育，比如在线咨询、宣传活动、专题讲座、团体活动等，从而提升大学生网络心理健康教育的质量。

"互联网+"背景下加强对大学生的网络心理健康教育不仅是时代发展的需要，还是解决大学生网络心理健康问题的需要。互联网的发展是一把双刃剑，不仅给大学生的心理健康教育带来了机遇，还带来了巨大的挑战。研究"互联网+"背景下大学生网络心理健康教育，可以发现当前高校大学生网络心理健康教育存在的不足，透过这些存在的问题，我们要从多方面进行努力，如充分利用互联网手段，让大学生敢于表达自己的心理困扰，接受心理治疗；为大学生构建健康向上的网络文化环境，引导大学生树立正确的价值观，降低网络不良信息对大学生造成的危害。总之，高校应重视大学生网络心理健康教育，积极构建与大学生网络心理健康相适应的教育机制，保障大学生网络心理的健康发展。

第五节 "互联网+"智能时代大学生心理健康教育路径

"互联网+"智能时代是科技迅猛发展的产物，也是社会发展的必然结果。在"互联网+"智能时代，大学生很容易通过互联网获取所需要的知识与信息。但是，"互联网+"智能在给当前高校心理健康教育工作提供极大方便的同时，也对在校大学生的心理健康教育提出了严峻挑战，如何做好心理健康教育工作，是当今大学生心理健康教育工作者需要认真研究的课题。

《世界卫生组织宪章》指出："健康不仅是没有疾病和病态，而且是一种个体在身体上、精神上、社会适应上健全安好的状态。"2017年12月《中共教育部党组关于印发〈高校思想政治工作质量提升工程实施纲要〉的通知》明确提出心理育人质量提升体系，指出要坚持育心与育德相结合，加强人文关怀和心理疏导，深入构建教育教学、实践活动、咨询服务、预防干预、平台保障"五位一体"的心理健康教育工作格局，着力培育师生理性平和、积极向上的健康心态，促进师生心理健康素质与思想道德素质、科学文化素质协调发展。

一、"互联网+"智能时代大学生心理健康状况

随着网络资费逐渐降低，差不多每个大学生都经常通过手机访问互联网。通过"互联网+"智能，大学生很容易获取很多的信息，不仅包括学习所需要的相关学科信息，也会有很多负面的信息。多元化信息通过互联网迅速传播，对于大学生世界观、人生观和价值观产生很大的影响。"互联网+"智能技术的迅猛发展，也对高校大学生心理健康教育产生了深远的影响。一方面"互联网+"智能极大地拓展了当今时

代大学生心理学研究范畴，给大学生心理教育工作者提供了极大的方便；另一方面面对"互联网+"智能的冲击，一些传统的心理教育模式受到了极大的挑战。不可否认，"互联网+"智能就像每一次新技术革命一样，是一把双刃剑，在给大学生带来极大心理满足的同时，也对相当一部分自控能力不强、辨别能力较弱的同学产生极为不利的影响。当然"互联网+"智能时代，如何有效利用这一最新科技成果，更好地为服务于大学生心理健康教育，是摆在心理健康教育者面前的重要课题。

二、"互联网+"智能时代高校心理健康教育工作面临的挑战

互联网技术日新月异的发展和人工智能应用的日趋广泛，使得大学生无时无刻不接触互联网，这就给当前大学生心理健康教育提出了新的挑战，从当前大学生心理发展状况来看，主要表现在以下几个方面。

互联网中大量的不良信息严重影响大学生的心理健康。互联网中大量的不良信息严重影响大学生的心理健康，这对心理健康教育无疑增加了难度。对于重点本科院校的大学生来说，学习压力较重，学习主动性强，自控能力较好，也使得他们浪费在互联网上的时间相对要少一些，所带来的负面影响不大；而对于一般本科院校和大专院校的学生来说学业压力并不很大，学生的自控能力差，没有良好的生活、学习习惯，很多学生把大量的时间浪费在玩网络游戏、甚至沉溺于网络游戏不能自拔，形成网瘾，难以戒除，这其实就是心理障碍；也有一些同学通过网络交友可能发展成网恋，当网恋遭遇到问题也会造成心理落差较大、失恋等急性应激性障碍，这也是值得关注的；还有"互联网+"智能的发展使得网络电信诈骗日益增多，对于相对比较单纯的大学生来说，更容易上当受骗，上当受骗的学生也容易引起心理问题或心理障碍，有些心理问题、心理障碍如果得不到适当的排解，可能会引起严重的后果，甚至死亡。比如2016年大学开学之际山东省一个准大学生因电信诈骗被骗去学费而导致猝死。还有，"互联网+"智能的发展，也给一些三观不正的大学生非理性的超前消费提供了机会，于是校园网贷出现了，甚至出现了裸条贷。网贷、裸条贷的结果通常都会引起相应的心理问题，如果得不到妥善解决，后果可能非常严重，甚至出现死亡。

"互联网+"智能时代也对传统的心理教育方法提出挑战。"互联网+"智能时代也对传统的心理教育方法提出挑战，随时代不断进步需要及时更新心理健康教育方法，提高心理健康教育水平，把传统的心理健康教育模式与现代"互联网+"智能教育技术相结合，创造出更适合大学生的心理健康教育模式。

传统的心理健康教育模式，通常都是老师讲学生听。随着"互联网+"智能技术

的迅速发展,学生可以快捷地了解与获取现代心理学的相关知识,老师课堂上所讲授的内容,可以在互联网上轻松搜索到;当大学生遇到心理问题或心理障碍时,他们通常也会在第一时间去互联网上进行搜索,这样他们对老师课堂所讲授的内容容易产生倦怠感。因此,及时更新心理教育方法、提高大学生心理健康教育效果是心理健康教育工作者急需解决的课题。

三、"互联网+"智能时代大学生心理健康教育路径选择

面对大学生心理健康教育的种种挑战,切实提高心理健康教育水平,需要在全面客观分析现实的基础上,提升自身对心理健康发展规律的认知水平,采取符合心理健康教育规律的方法,提升心理健康教育实效性。

提升自身素质水平、把握心理健康教育规律。只有努力学习新的心理健康知识,把自己专业知识水平提高,才能更好认清大学生心理变化规律,准确把握大学生心理健康发展特点,提高心理健康教育实效性。

转变工作理念,树立服务意识。在一些高校老师的心目中,尤其是一些大专院校的老师往往认为,只管完成自己的上课任务,不管学生有没有听得懂,有没有理解,有没有明白,上完课立马走人,学生除了在课堂上,其他时间段基本上见不到自己的任课老师,如果学生对专业知识有疑问,通常只能求助于互联网。对于心理健康教育课的老师,不能有这样以教师为主的工作理念。要转变思想,树立服务意识。心理健康教育不同于一般的专业知识课,它有自己的特点与规律。只有树立了服务意识、责任意识,才能让大学生通过心理健康教育体验到心灵的成长与心智的成熟的快乐。通过学习心理健康知识,使大学生得到经验,应对一般的心理问题,当生活、学习遇到挫折、遇到心理问题时,知道如何排解,如何应对,如何去求助。

利用"互联网+"智能技术,提高教学质量。新时代的大学生往往厌倦课堂上老师的一言堂、满堂灌的模式,心理教育工作者完全可以也应当学会借助当今发达的科学技术手段,采取形式多样的教学模式,比如学习通软件、PPT、心理电影展播、心理案例分析、心理沙龙、团体心理辅导等形式,通过理论联系实践的方式,提高教学质量。

利用各种新媒体终端,提升服务效果。综合运用微博、QQ、微信公众号、直播平台等多种媒体形式传播心理健康知识,通过潜移默化的形式,影响着大学生的心理健康向良性发展。同时,也可以借助"互联网+"智能模式,对潜在的有心理障碍的学生进行预警,对重点大学生群体进行有针对性的关注,必要时进行危机干预,把心理问题造成的损害降到最低。

第六节 "互联网+"背景下大学生心理健康教育课程混合式教学

""互联网+""环境下，大学生心理健康教育课程教学面临新要求。MOOC、SPOC 等现代互联网教学平台在发挥优势的同时，也需要传承传统教学的优点。当前，大学生心理健康教育课程存在教学模式较为单一、学生主动参与意识不强、师资队伍教学水平参差不齐的问题，而"MOOC+SPOC+翻转课堂"混合式教学正好可以改善这些问题。因此，高校大学生心理健康教育课程混合式教学模式要结合教学目标，把日常教学分为线上和线下教学两部分，贯穿于课前、课中和课后三个阶段，并采用过程性评价和终结性评价相结合的多元化考核模式，从而提升大学生心理健康教育课程的教学效果。

心理育人是高校思想政治教育的重要组成部分，在落实立德树人根本任务中发挥着重要作用。《教育部、卫生部、共青团中央关于进一步加强和改进大学生心理健康教育的意见》(2005) 指出"要充分发挥课堂教学在大学生心理健康教育中的重要作用""不断丰富心理健康教学内容，改进教学方法，提高课堂教学效果"。跨入 21 世纪，信息技术的革新冲击着人们生活的方方面面。伴随着"互联网+"背景下的到来，以大数据、云计算、物联网为代表的新技术深刻影响着人们的生活。大学生作为社会发展中高度活跃的群体，承受着互联网快速发展带来的震荡和冲击。为此，探索当前互联网环境下大学生心理健康教育课程"MOOC+SPOC+翻转课堂"的混合式教学模式，提高课程教学实际效果，增强大学生心理健康意识，提升心理健康素质，更好地发挥心理健康教育课程在高校心理育人工作中的主渠道作用，是摆在广大心理教育工作者面前的现实课题。

一、高校心理健康教育课程教学现状

1987 年，浙江大学马建青教授率先开设了选修课"青年心理健康"。随后，北京大学、清华大学等高校相继开设了心理健康教育相关课程。教育部《普通高等学校学生心理健康教育工作基本建设标准（试行）》(2011) 明确"高校应充分发挥课堂教学在大学生心理健康教育工作中的主渠道作用，根据心理健康教育的需要建立或完善相应的课程体系"。同年 5 月，教育部《普通高等学校学生心理健康教育课程教学基本要求》(2011) 进一步落实基本建设标准中"大学生心理健康教育教学体系建设"的具体措施。心理健康教育课程经历三十多年的丰富和发展，经历了由下而上的自发组织再到由上而下的政府指导，逐渐成为绝大多数高校开设的公共必修课。但是，在教学工作开展中，心理健康教育课程也存在着一些亟待解决的问题。

教学模式较为单一。目前，大部分高校心理课程课堂教学以讲授为主，通常采取一位教师面向一个大班级上课、辅以播放视频等电子教学资源的教学方式。单一直线型的班级授课制，不利于学生自主管理能力、问题解决能力、创新能力和探索精神的培养，也在一定程度上限制了师生、生生之间的交流与互动。吴继红的调查显示，心理健康教育课程的教学方法主要是"讲授法、案例分析法、小组讨论法、视频材料穿插法"等。由于教师在课堂中更多地采用讲授法，学生对课程学习的兴趣和热情不高。互联网的快速发展把学生的注意力更多地集中到了手机上，导致教学内容的传递和师生的互动受到一定的阻碍，加上配套教材的更新迟缓以及教学技术的单一已经难以满足信息化时代学生的需求。因此，高达32%的大学生对教师的教学工作不太满意。

学生主动参与意识不强。当前，00后成为大学生群体的主要组成部分。他们善于接受新事物、学习新技能，善于开拓创新。同时，他们的自主意识强，团队意识薄弱。在日常生活中，他们习惯于使用网络和手机获取信息和资源。而传统心理健康教育课程教学更多偏重于知识的传授，难以满足大学生成长的需求。再者，心理健康教育课程考核评价形式比较单一，通常沿用"30%平时成绩+70%期末考试"的方法，且平时成绩以考勤为主，期末考试大多采用笔试的方式，忽略了形成性评价在学生学习过程中的激励作用，缺乏对学生的知识和能力养成过程的有效关注，忽略了学生在课程学习过程中的发展。在心理健康教育课程的教学过程中，"不少学生习惯于坐着听讲，不习惯思考问题；喜欢参与互动，喜欢游戏、视频教学；不习惯于回答问题，缺乏自我的觉察、反思和知识的内化"。

师资队伍教学水平参差不齐。根据教育部《高等学校学生心理健康教育指导纲要》文件要求，高校要按照师生比不低于1：4000配备专职心理老师。按照这个师生比，要把心理健康教育课程开设为全校性的公共必修课，有相当大的难度。因此，不少高校辅导员作为兼职心理教师，成为大学生心理健康课程师资团队的重要组成部分。然而，大部分辅导员未受过专业的教育教学课程训练，仅仅是经过短期的新教师培养，缺乏相应的教学能力。另外，由于日常工作较为繁忙，辅导员很难抽出时间接受系统的教学和专业培训，加之高校心理教研室也较少提供系统的培训机会，高校心理教师的教学水平难以得到有效的提升。

二、"MOOC+SPOC+翻转课堂"混合式教学特点分析

在心理健康教育课程教学中引入MOOC(慕课)这种新的网络教学模式,是高等教育教学创新发展的一大趋势。自2012年起,MOOC的出现打破了教学时空的限制,将传统的课堂迁移到互联网上,重新整合并优化了教育资源。然而,在推广MOOC的过程中,各国都遇到了不同的问题,主要表现在两个方面:一是教师教学与学生学习的互动不足,教师对学生的学习情况难以把控;二是在线学习管理难度较大。由于缺乏有效的约束,部分学生甚至采用刷课软件进行操作,学习效果难以保证。为此,传统课堂的优势再次走进人们的视野。SPOC是在MOOC基础上的创新,将MOOC的在线教学资源应用到小规模的实体校园注册学生的课程教育上。"MOOC+SPOC+翻转课堂"混合式教学既可发挥MOOC课程低成本、高效率、易于学生利用碎片时间学习等特点,又可吸收线下课堂在团队合作、个性化指导方面无可替代的优势。"MOOC+SPOC+翻转课堂"混合式教学模式包括以下几个方面。首先,教与学时空的混合。该教学模式借助线上、线下相结合的模式,促使在线学习与教师面授的相互结合,达成教与学的虚实结合互补。其次,学习资源的融合。通过课内、课外相结合的方式,该教学模式将接受学习与探究学习相互结合,使网络的教育资源与课堂的教学资源有机融合,提升了学生自主学习和合作的能力。最后,学习方式的组合。这种组合教学模式通过课堂的系统讲授与网上碎片化的学习,能够将教师讲授与学生自主学习相结合,使同步学习与异步学习相结合,提高学生学习的效率和主动性。因此,在心理健康教育课程教学过程中采用混合式教学模式可以让学有余力的学生学到更多的内容,培养探究精神和创新能力,而基础薄弱的学生也可通过反复多次的网上学习弥补不足,从而提升教学效果。

三、"互联网+"背景下心理健康教育混合式教学模式的实施

心理健康教育课程在实施"MOOC+SPOC+翻转课堂"混合式教学模式过程中,要注重线上和线下的有机融合,重视师生互动的作用,把握形成性评价和终结性评价的有效结合。教师要根据教学目标和教学原则,结合学生的兴趣点,把日常教学分为线上和线下教学两部分,并且将其有机结合并贯穿于课前、课中和课后三个阶段,实现"线上有资源、线下有活动"的目标。其中,资源的建设要能够实现对知识的有效讲解,活动要能够检验、巩固、转化线上知识的学习,并建立多元化、多维度的评价体系。

课程设置目标。教育部《普通高等学校学生心理健康教育课程教学基本要求》

(2011)明确规定了该课程的内涵及目标,即心理健康教育课程是集知识传授、心理体验与行为训练为一体的公共课程。大学生心理健康教育课程以增强大学生自我心理保健意识和心理危机预防意识,提高心理素质为导向,以促进学生全面发展为目标。开展"MOOC+SPOC+翻转课堂"混合式教学,可以将线上与线下、网络教学与传统教学、教师主导作用与学生主体作用、示范引导和参与体验结合起来。

课程实施。该课程将智慧树和学堂在线作为网络教学平台,采取SPOC混合式教学模式授课,包括视频课程、PPT课件、线上签到、线上测试和线下体验等。课程实施主要分为三个阶段,即课前阶段、课中阶段和课后阶段(见图1)。

课前阶段。教师根据学生情况、学习内容和学习环境,进行学习需求分析,并在此基础上进行课程设计(包括学习大纲、计划、指南和学习资源设计等)。之后,教师在课堂中发布学习任务,提出问题,在上课前查看学生学习任务完成情况及相关反馈。学生通过网络平台了解学习任务的有关要求,并进行在线学习、讨论和练习。其中,微视频可以使用智慧树和学堂在线平台的教学视频,也可以是自行录制的微课。教学视频中穿插问题,使学生在线能够及时联系,自行检查学习情况。教师和学生可以利用网络教学平台或者组建的QQ群进行在线互动,建立立体式学习社区,从而延伸了课堂教学的"时间"和"空间"。

课中阶段。课中阶段是教学实施的重要环节,主要采用"翻转课堂"的模式,就重点难点展开讲解与讨论。课中阶段以"任务型小组"为主要手段,开展专题式问题研讨、汇报与展示。根据对在线学习的数据分析,教师在线下课堂开展"翻转课堂"教学活动,采用体验活动、团体训练、案例分析、小组讨论交流等形式。在师生互动当中,教师更多地充当"引领者"的身份,就教学重点和难点向学生进行启发式的提问以及相应的引导,让学生自己来觉察、分析、思考以及解决问题。例如,教师以"适应发展"专题为例,采用不同班级的6~8名学生为一组的小组讨论交流的形式,让学生在规定时间内针对高中和大学学习环境、生活环境、人际环境的变化,进行小组讨论,并进行团队展示。这种身份角色要求教师必须有丰富的心理知识和心理咨询的实践经历。因此,心理健康教育教研室要加强教学团队的理论培训和实践锻炼,提升教师队伍的综合素质。

课后阶段。课后阶段的学习要求学生针对教学内容进行复习,在线完成相应的试题。学习平台根据答案进行评判和分析,便于教师有效地检查学生对知识的掌握情况。同时,教师也通过发布课后阅读、心理测评及学习视频,拓展学生的知识和技能,并提供在线的答疑交流、情感支持以及帮助问题学生。

考核评价。心理健康教育"MOOC+SPOC+翻转课堂"混合式教学采用过程性评价和终结性评价相结合的考核模式。过程性评价考核学生在课前（在线时长、视频观看、答疑互动等）、课中（课程考勤、师生互动、团队展示、研讨表现等）、课后（作业质量、拓展训练等）三个阶段的学习活动情况，占学期总评成绩的70%。终结性评价采用期末考核的形式，占学期总评成绩的30%。终结性评价是指一次性对学生学习的结果进行评价，而过程性评价贯穿整个教学过程，强调的是对学生学习过程中的学习状况、学习成果进行多形式、分阶段的考核。采取过程性评价和终结性评价相结合的考核模式既注重多形式、分阶段考查学生的学习过程，又注重学生最终的学习成果。心理健康教育课采取多元化考核模式能有效避免传统单一考核模式带来的缺陷，也有助于教师相对完整、全面地了解学生的真实学习情况，从而提升课程的教学和学习效果。

随着"互联网+"背景下的来临，新媒体、新技术与教育教学的结合以及人们对学习的多元化需求的增长，决定了心理健康教育传统教学的革新势在必行，而混合式学习的出现与发展将线上学习与线下课堂有机地融合为一体，有利于教师完善教学设计，及时调整教学结构和教学方法，优化课堂教学，为学生提供匹配程度更高的优质教学。同时，将被动依赖统一的传统心理健康教育教学模式转变为个性化学习、主动化学习的模式，有效地打破了传统的教学格局，极大地提高了教学的效果。然而，在具体的教学实践中，仍然存在学生习惯于教师提供的网络资源，很少主动探索和自行查找相关学习资源的问题，学生的学习主动性有待提高。因此，心理健康教育混合式教学在如何提升学生在线学习的投入程度和在线学习的质量和深度方面，仍然有待进一步的探讨。

第六章 "互联网+"背景下大学生心理健康教育模式的重塑

第一节 互联网金融背景下大学生消费观及心理健康教育

互联网金融时代的到来，改变了人们的传统生活方式以及消费观念，在现阶段，人们普遍接受了超前消费这种消费方式，这就为大学生参与校园网络借贷提供了一个便利的条件，导致许多大学生债务缠身，对于心理健康产生了严重的负面影响。因此，本节通过对大学生参与网络借贷的现状进行了阐述，并分析了大学生的消费观以及消费心理健康，并针对问题提出了相应的心理健康教育对策，以期帮助大学生养成一个良好的消费观念和消费习惯，并且帮助大学生形成一个健康的身心。

随着互联网信息技术的飞速发展，特别是新一代大学生在互联网的背景下成长，人们的日常生活和学习与互联网息息相关。从这个角度看，高校网络借贷在很大程度上不仅是大学生通过网络借贷平台实现超前消费的金融活动，也是互联网金融渗透到高等教育领域的必然结果，更是高校"网络借贷"的提供者和消费者共同产生的结果。因此，及时关注高校大学生网络借贷现象，引导大学生树立正确的价值观，对新时期加强和改进大学生心理健康教育、维护高校的和谐稳定都具有重要作用。

一、当代大学生消费状况及其特点

大学生的生活成本是单一的，其中大部分来自父母，生活成本不高，只有基本生活费用可以维持。大部分学生都听说过校园网络贷款，对于参加网络贷款的学生，大部分购买了电子产品，而还款基本上还取决于父母，因为依靠兼职还贷款的学生只有很小的一部分。

2015年在线贷款家研究报告显示，P2P学生在线贷款平台的年贷款利率一般在10%~25%之间，大多数产品的年利率超过20%，部分购物平台的实际年利率可达到35%以上。这些平台的高利率可能会增加学生的经济压力，并在一定程度上有高利息贷款的嫌疑。此外，贷款公司的高额利润来自服务费和加班费，而这些具体的金额全部由贷款公司设置,一般服务费为总贷款的5%,其中一些平台甚至为10%。一旦贷款逾期不能缴纳,学生将支付贷款总额10%的服务费,甚至更多。

在当前的形势下,大学生的消费挂念应受到引导。我们注意到,从更安全、标准化的传统银行贷款产品来看,它仍然主要集中在助学贷款上,难以满足大学生消费的需求。这是因为商业银行的消费贷款业务主要集中在具有偿债能力的人群中,由于大学生收入不稳定,信用风险大,管理成本较高。对于大学生的消费贷款,银行一般是非常谨慎的。需要看到的是,在国家鼓励公共创业的情况下,包括大学生在内的创业人数正在逐年增加,融资需求也开始逐渐提高。我国高校贫困生进行创业的,一般会有优惠税率和税收优惠,但启动资金贷款的则面临着贷款审批流程的复杂性、周期长等诸多问题。

二、当代大学生的消费心理剖析

攀比心理。大学生参与网上借贷的根本原因是随着互联网金融时代的发展,人们的消费结构和消费方式发生了变化。首先,从消费结构的角度看,大学生消费比例最大的是食品消费,其次是形象消费、社会消费等,其余的消费支出较为均衡。因此,目前我国大学生的消费质量和消费水平明显提高,消费结构由温饱消费向多样化消费转变,其中形象消费逐渐占据整体消费比重的重心。根据对2017—2018年大学生消费结构的调查和分析,大学生消费的最大三项是食品消费、形象消费和社会消费,但从发展趋势来看,大学生的食品消费比重逐渐下降,形象消费比例逐渐上升。结果表明,我国大学生不再仅仅满足于生活的基本需要,更倾向于个人形象塑造、休闲产品等,并且逐渐提高和人际交往等方面的消费。

作为年青一代,一些大学生有着严重的享乐主义,盲目追求奢侈品牌和高档产品。在消费观念上,他们有着严重的攀比心理,倡导提前消费、提前享受。消费和享受的欲望是无限的,但收入来源是有限的。为了满足他们的购买欲望,一些学生陷入了高利贷的陷阱。

从众心理。大学生的消费从众心理可以理解为容易跟风,从而导致盲目消费。大学生经常买东西不是出于自己的需要,而是出于从众心理。看到其他人或大多数人都有这样的需求,他们就开始盲目地消费。例如,"考证热"可能是一种直接表达的这种心理的行为,当然有些人为了他们的工作或生活,才加入考证、考研大军,但也不排除有些人没有自己的判断,只是盲目地购买和消费。

三、对于大学生消费观心理健康教育的建议

大学是人生的过渡阶段,正处于从学校向社会的过渡时间,他们的消费观念也正在随之改变。在消费过程中,由于大学生没有独立的经济能力,心理也不成熟,容易受到社会上的消费态度和消费行为的影响。新时代的大学生是互联网的"原住民",更容易受到来自各个方面的诱惑。因此,必须加强大学生对于消费的心理健康教育。

强化大学生正确消费观。大学生要树立科学的消费观念,实现合理的消费,不要盲目跟其他人进行比较。大学生应明确了解超前消费、攀比消费和盲目消费带来严重后果,必须在收入范围内养成良好的消费习惯,合理控制自己的消费欲望。并且大学生应该提高辨别是非的能力,不应该盲目地追求所谓的"幸福"的生活水平,不合理地购买一些高档化妆品、时尚服装和高档电子产品。

要有良好的财务管理意识,合理分配父母给自己用以学习和生活的费用。大学生活中有很多有趣和有意义的事情,不能把目光仅仅投向超出消费范围的奢侈品。大学生可以把生活开支的一部分用于自己的投资,这样他们就可以有自己的品位和筛选能力。此外,大学生应树立隐私保护意识,注重个人信息的安全管理,不得随意向他人透露自己的身份证、学生身份证。由于许多网络借贷平台的门槛较低,只需提供身份证号码、手机号码和校园卡号等,即可实现网络借贷。然而,许多学生往往没有隐私保护意识,无意间泄露了自己的身份证号码、学生证号码等,被其他人用来在校园里贷款,严重损害了自己的利益。同时,大学生也可以参加一些自己感兴趣的工作,减轻自己的消费压力,利用兼职工作来改善自己的生活。同时,大学生还要学会加强与家长、教师的沟通和交流,遇到经济难题要及时解决,不能走入网络借贷的陷阱中。最后,加强大学生的法律意识,明确什么是合法的行为,以及如何在网络借贷后保护自己的权利。

开展心理卫生知识宣传和培训。与普通的初高中生相比,大学生的心理健康更加容易出现问题。而心理问题的前三位分别是强迫症、过度消费和睡眠饮食,这可能与大学生的学习时间、熬夜和饮食不规律有关。睡眠不足、睡眠质量差会产生疲劳、抑郁等不良情绪。相关研究表明,睡眠饮食对心理健康有很大的影响。

学校可以利用校园广播等媒体传播心理健康知识,或在校园的宣传栏上设立心理健康栏目。定期举办心理健康知识课程或心理健康专家讲座,广泛宣传心理健康的重要性和预防精神疾病的方法,使大学生正确认识心理健康。学校可以通过设置相关的公共课程来对大学生进行消费观和理财教育,帮助其形成科学理性的消费观念,让大学生能够掌握解决自己心理问题的方法和技巧,树立信心,缓解压力,保持

健康、积极的态度。

开设心理咨询和治疗通道。对于高校来说，必须不断拓展大学生心理健康教育的渠道和空间，形成网上网下大学生心理健康教育的合力。可以组织各种心理咨询和治疗，如设立热线、建立在线咨询渠道、设立心理咨询治疗室等。心理咨询教师运用心理知识、原则和相关理论技术，通过面对面或团体辅导的形式，缓解心理压力，为大学生解决心理问题。

健康不仅是一种没有疾病和虚弱的状态，而且是一种良好的身体、心理的状态。近年来，大学生的心理健康教育越来越受到社会和国家的重视，而健康的心理和生理是保证良好的生活和工作条件的重要因素。因此，大学生应立足学习不虚荣、不攀比，培养健康多元的消费心理，更多地接触和传递社会正能量，提高自己的生活追求，培养正确的社会意识和消费意识。

纵观大学生校园网络借贷的现状并深挖其内核问题，不难发现它的原形是社会经济发展而生的固有产物。因此，只要社会经济变化，就会带动与其相关的利益群体的行为变化，而一个好的制度就要能在这个动态的机理中为不同群体的利益找到合适的平衡点。目前，在我国"网络贷款"的规则体例中，既缺乏体系化的制度治理理念，又没有对民间高利贷的法律规定，所以，才使得社会中有着不当利益的群体面向大学生发起了高利贷行动。这里既有社会经济不以人的意志为转移的客观原因，还有与我国传统教育理念对子女的惯养文化有关。正因如此，那些受利益驱使发放高利贷的人群看到了大学生背后的家庭保障，才有了将借贷资金发放给缺乏还款能力大学生的驱动力。因此，研究大学生的消费行为和消费心理健康教育对把握社会消费现状具有前瞻性意义，对形成良好的社会消费习惯和消费风气具有重要的指导意义。通过本节的分析和相应的建议，希望为大学生的消费现状和消费心理健康教育的研究提供一些理论和实践方面的参考。

第二节 "互联网+"背景下体验式大学生心理健康教育

"互联网"时代背景下，将体验式教学应用于大学生心理健康教育课程中，能够提高心理健康教育的深度和广度，提高大学生心理素质。但是""互联网+""下的心理健康教育环境跟传统教学环境存在较大差异，在应用教学过程中仍然存在部分问题，影响心理健康教学课程的开展。本节首先介绍了体验式教学应用在大学生心理健康课堂中的作用，随后分析了实际应用过程中面临的问题，最后总结出运用体验式教学提升心理健康教育课程质量的策略,旨在推进大学生心理健康教育课堂创新。

一、"互联网+"背景下将体验式教学应用在大学生心理健康教育课程中的作用

(一)调动学生学习热情

以创设真实的特定情境,引导学生互动交流,是新时代心理健康教育课程的教学理念。心理健康教育课的教学目的是帮助大学生提高心理素质,掌握自我心理调节的方法,其教学效果需要以学生个体的心理体验来体现。体验式教学打破了传统心理教育教学的讲授模式,采取互动式、体验式的教学方式,让学生在亲身体验过程中理解并运用心理健康知识。"互联网+"背景下的体验式教学,教师可以结合具体的教学内容,通过运用各种互联网技术构建出仿真情境,以此激发学生积极学习的兴趣。创设出的仿真情境可以极大地调动学生学习热情,促使学生之间、学生与教师之间互相参与、互相启发,使学生在情境体验过程中获得感悟,引发深层次、多方位的思考。

(二)丰富心理健康教育的课堂形式

特定的情境会产生特定的体验,当学生初步接触到教师创设的体验情境时,因为对于体验事件的了解程度不深,可能会使学生处于一种略显杂乱的体验状态。其体验真实感较差,体验目的较为模糊,需要经进过组织加工,才能起到心理教育教学的作用。"互联网+"背景下体验式教学,教师可以利用先进的教学技术和丰富的网络教育资源,丰富心理健康教育的课堂形式,以此增加心理健康教育课堂的体验,激发学生的体验兴趣。比如构建以"多媒体课堂—情境体验—互动分享"三位一体的教学课堂形式,让学生通过多形式教学课堂进行心理健康知识学习和互动交流,以此形成以教师为主导、学生为主体的体验式教学课堂,达到教学目标。

二、体验式教学在心理健康教育课程运用过程中面临的问题

(一)专业教师缺乏,师资力量薄弱

心理健康教育教师的专业水平和实践能力决定着教学质量好坏,在实际教学中,如果任课教师能够有效运用体验式教学,可以促进学生身心发展,形成良好的心理素质。但是目前高校内的任课教师主要由心理学专业和教育学教师组成,大多没有接受过系统科学的体验式教学培训,专业任课教师较为缺乏。而且在具体实践教学

中,部分任课教师仍然采用传统的教学思维进行体验式教学,如过分注重教学任务的完成,忽略了学生心理体验和冲突,在实际教学环节中无法有效化解学生体验过程中产生的心理矛盾。其次是部分任课教师无法灵活运用网络技术开展心理健康教育活动,也无法联系实际生活进行课堂教学,难以满足学生的需求。

（二）学生对体验式教学认识比较片面

心理健康教育课程是一门以提高学生心理素质的教育课程,有效地运用体验式教学可以激发学生的学习兴趣,提高学生的课堂积极性,从而增强教学实效性。但是现阶段学生对于体验式教学的认识还比较片面,具体体现在以下两个方面。首先是对于心理健康教育存在误解,片面地认为具有心理问题的学生才有必要学习心理健康教育课程,认为学生心理健康教育是"治疗心理疾病"的课程,导致学生上课积极性不高。其次是对体验式教学目的不明确,大多数学校对于体验式教学的课堂内容、场地等方面不够重视,致使其教学过程倾向游戏化、娱乐化,导致学生参与积极性不高。

（三）教学课程内容比较单一

体验式心理健康教育课程的开展能够帮助学生掌握心理健康技能,强化心理健康知识,获得不同的心理体验。体验式教学跟传统心理教学有着明显区别,其教学内容应该具有一定的广度和深度,同时也应该注重每个学生的体验效果。现阶段下的体验式教学虽然得到了越来越多的应用,但是在心理健康教育课程中,其课程内容比较单一,素质训练活动也比较少。而体验式心理健康教育课程的重点是加强学生的心理素质和内心体验,以此帮助他们成为全面发展的高素质人才。所以在体验式教学过程中,教教应该不断丰富其教学内容,根据学生思维特点和现实需求进行设计体验教学内容,力求做到实用性、针对性以及趣味性并存,以此帮助大学生获得心理成长。

三、运用体验式教学提升大学生心理健康教育课程质量的策略

（一）提升体验式教学水平,推进教学改革

从本质方面分析,心理健康教育课程适合运用体验式教学,因为体验可以触发情绪感受,而感受可以形成思考反思,思考反思进而影响认知行为,以此体现出心理健康教育课程的实用性。"互联网+"背景下体验式教学核心是学生体验、思考反思和行为改变,其中关键是学生体验。因此大学生心理健康教育课程要不断提升体验式

教学水平、增强体验效果，从而帮助学生正确认知自我、发展自我。首先高校应该加强心理健康教育教师的专业培训，改进和创新体验式教学体系，以此不断提升专业化教育水平，推进心理教育健康课程改革。其次心理健康教育教师也要深化理解体验式教学意义，转变传统心理教学观念，灵活运用各种网络技术创设新型教育课堂，以此提升体验式教学水平，提高心理教育的深度和广度。

（二）以学生为主体，丰富体验式教学实践活动

大学生心理健康教育中运用体验式教学，一定要注重以学生为主体的原则，把激发学生学习主动性放在教学目标的首要位置，打破过去以教师为主体的传统教学理念。随着体验式教学在心理健康教育课程中广泛应用，体验式教学运用过程中也存在部分问题，其中最为明显的就是大学生对心理健康教育认知程度不高，虽然对心理健康知识充满好奇心，但是缺乏正确系统的学习。为了从根本上提升学生学习积极性，进行主题教育推广活动必不可少。首先根据学生的心理需求和特点，传授心理健康教育知识，促使学生正确认识并积极参与到体验式教学活动中；同时也应该积极创新体验式教学活动，并运用网络技术进行优化和改革，如建立心理咨询网站等网络平台。

（三）转变体验式教学方式，创新教学方法

当下高校内的大学生成长在网络信息技术发展迅速的环境中，互联网技术让他们获取资讯更加方便快捷，从而使他们在行为方式和心理特征上呈现出多样性、独特性和复杂性的特点。随着现代化教育的不断推进，新时代下心理健康教育课程的教学方式也要与时俱进，不断创新"学生为主体"体验式教学方法，以此满足大学生的个性发展需求。首先应该让学生成为教学课堂上的主人，让教学内容更加贴近现实生活，营造出参与性高、体验性强的体验氛围。其次应该积极开展以提升大学生心理素质为主题的实践活动，例如在情境模仿活动、心理小游戏、角色扮演，同时在这些实践活动中灵活运用网络信息技术，以此充分发挥网络技术的教学优势。

第三节 ""互联网+"翻转课堂"新模式下的《大学生心理健康教育》

随着科学技术的不断创新，信息技术正在逐步影响着人们生活的方方面面，而随之而来的是生活水平的提升和生活得更加便利。与此同时，信息网络也在改变着现有的教育教学方式，对于当前的教育理念、教学模式以及教学方法等都具有直接的

影响，在这种背景下，""互联网+"翻转课堂"新模式得以出现并得到了很好的实践和推广，它对于创新当前课堂教学模式、提升学生在教学中的主题位置、提高学生的学习兴趣等都具有重要的积极作用。该文也将从""互联网+"翻转课堂"新模式基本概述出发，对于《大学生心理健康教育》教学现状以进行了分析，最后提出了相应的教学改革对策。

大学生作为社会的特殊群体之一，他们的健康成长和发展备受社会的关注。近年来社会上大学生新的问题造成了大学生伤害的事件屡见不鲜，这直接凸显出来加强大学生心理健康教育的重要作用。目前针对大学生心理健康，已经开设了相关的课程并在教育方法以及教学内容进行了更加明确的要求。课程也由原来的选修转为必修，为促进大学生心理健康教育创造了良好的条件。但在实际的教育教学过程中，由于受到更多新型教育模式和教育方法的影响，当代的大学生心理健康教育课程在教学的过程中仍需要不断改进和创新，原本的很多教学手段和教学方法已经不能适应当代大学生的心理健康教育需求。

一、""互联网+"翻转课堂"新模式的概述

""互联网+""翻转课堂是在互联网教学思维和信息网络技术的基础上通过视频教学、线上教学为主的，开展学生在线学习、线上问题讨论、线上答疑以及线上作业等一体化的教学新模式，这和传统的教学模式具有本质上的区别。一方面，翻转教学模式改变了传统的教学流程和方法。传统教学以教学课程传授为主，是一种自上而下式的教学，而翻转课堂教学是以课前教学、面对面教学、课堂答疑等为一体的教学流程，而且学生学习不受时间和空间的限制。另一方面，教师与学生的角色地位发生了本质上的变化，教学教师将只是学习的引导者，而不是专门的教授者。学生单纯的单向接受学习和知识的时代已经逐渐过去，学生的被动学习地位也应该逐渐进行改变。而通过翻转教学模式，学生可以根据自身的需求和实际情况进行学习，提高学生的学习积极性和自主性。另外""互联网+"翻转课堂"新模式还具有明显的混合式学习特点。翻转课堂中不仅要借助互联网线上学习平台，还要借助教师完成基本的教学安排并及时地对学生进行监督和答疑，更加针对性地开展个性化教学，因此具有一定的混合式特点。

二、当前大学生心理健康教育课程的开展现状

传统意义上的大学生心理健康教育课堂存在着以下三方面的主要问题。

一是课堂以单向教授为主，没有重视学生的教学主体地位。很多高校在大学生

心理健康教育方面的师资投入相对薄弱,在实际的教学过程中也都采用大班式的教学模式,不仅不能够完全对学生的学习情况进行系统性的掌握,同时教学模式相对单一,教学方法缺乏体验和互动。使得最终的教育课堂不能充分发挥心理健康教育的重要价值,只能够形式上地完成教学内容和教学目标。

二是传统教学理念的封闭性,造成教学课程建设发展缓慢。最初的心理健康教育课程目的是更好地促进学生思想的解放,解决学生的心理问题,进而更好地维护社会与学校的稳定,促进大学生的健康成长。但是在课程教学实践的过程中,学生的思想和认识发生了巨大的变化,单纯地要学生依靠听课去理解知识的心理课程教学体系受到了挑战,必须根据时代和背景的变化,根据新时期大学生的特点进行调整和优化。

三是在课程设计上存在缺失,学生无法真正通过课堂学习到真正需求的内容和知识,学生的很多问题也不能得到有效解决。现有的心理健康教育课容易出现两种极端现象,一种只强调理论、定义、原理等知识的灌输,而忽略学生的体验与参与,另一种是一味地为迎合学生的好玩、好奇心理而忽视理论知识的教学。这两种教学手段和方法都忽视了大学生心理问题的解决和应对,只有更好地解决大学生心理健康问题,才能体现出大学生心理健康教育课程的价值,才能更好地实现学生健康成长。因此课程设计的优化也是目前心理健康课程教学的重要问题之一。

三、""互联网+"翻转课堂"新模式的教学改革应用

(1)教学内容方面的改革。随着教育改革的深入发展新课改以及新教育手段的不断更新,视频教学成了学生人性化教学和深度化教学的重要方式,通过视频教育和教学可以实现学生学习的新的翻转。不仅依托了互联网的信息化水平,同时可以让学生随时随地地接受网络化心理健康教育。紧密地依托"互联网+"翻转课堂模式,进一步完成大学生心理健康教育课程相关内容的教育教学,教学课程中的微视频以及相关的学习资料都可以通过学校的MOOC平台进行上传和公开发布。

在MOOC平台的基础上进一步引入网易公开课等更多的优质教学资源和教育线上平台,通过不同层次的教学手段和方法以及不同体验的教学模式,为学生提供不同的教育体验,进一步激发学生的学习乐趣和兴趣。改变传统的大学生心理健康教育课堂的枯燥和不足。那么学生就可以通过手机或电脑连接互联网,就可以实现这些平台的心理健康教育知识的学习,在时间上和空间上将不受到其他方面因素的影响。而通过章节学习以及视频学习更加有层次性和连接线。另外学生通过这些平台也可以随时与老师进行互动和问题的反馈,这种教学模式更加有针对性,可以让

学生得到更好的学习体验,进而促进教学水平的提升。

（2）教学模式方面的改革。""互联网+"翻转课堂"模式是一种线上教学模式,它将以学生学习为主题,在教育内容和学生问题基础上建立一个更加个性化的教育教学框架。整个教学模式以及教学过程包括：在线学习、面对面教学以及课后答疑三个阶段。在大学生心理健康教育课程开展之前,鼓励学生进行在线自主性学习,通过学院发布的MOOC平台进行自主性学习。同时学校以及教师要将相应的教学计划以及教学的内容上升到平台的上面,学生根据教学的内容以及要求进入平台,通过手机或电脑完成课前的自主性学习。与此同时,自主学习的结果以及存在的问题可以通过班级的微信群或QQ群进行在线的交流和讨论,老师根据这些问题也可以为课堂的开展提供进一步的指导,同时通过学生问题的课前解决,可以更好地解决学生的疑虑与问题,提高个性化的指导水平。而面对面教学是在课堂中可以先根据学生的实际情况进行有针对性的分组,同时布置一定的学习任务,通过分组交流分组学习的过程,让学生进行彼此的交流和学习心得的互换,最后将每组的学习问题进行统一的解答和分析。最终再将每一个小组的最终学习能力和水平进行相应的点评。这样会使得课堂的教学手段和方法更具有趣味性和开放性,进一步提高学生的学习乐趣和学习的积极性,进而达到所要追求的教学目标。课后答疑也是主要基于MOOC平台或班级的其他沟通群等等,学生在课堂以及线上学习的过程中有任何不懂的问题或疑虑都可以在线与老师进行互动答疑,这样不仅可以提高学生与老师之间的交流,同时也可以更快速更便捷地解决学生学习中的问题,教师的角色变化由传统的教授者和讲授者转变为学生学习过程中的引路人和指导者,以学生为主体的翻转课堂模式更体现了互联网教学的基本理念和思想,是O2O教学模式的真正实践。

（3）教学评价方面的改革。在教学评价方面的改革主要实现教学评价过程化。单一考试不宜作为心理健康课程的考核形式,因为它衡量的只是学生掌握了多少心理知识。在过程性评价中,课前自学任务完成度、课堂表现、小组活动报告、个体自评、小组评价（他评）、课程论文以及该校"记录我的小幸福"特色任务等多个方面进行。此外,借助优学院平台自身的监测手段,防止学生在学习过程中通过使用第三方软件进行恶意刷课,监测学生观看课程视频,对于未达到该门课程教学时数2/3以上的或在规定的时间内未完成视频学习的,不得参加该门课程的考试,大力提倡在网络学习管理过程中的诚信学习。传统的70%期末成绩加30%平时成绩改为期末考试成绩占50%,在线学习成绩占25%,记录小幸福、出勤、参与度、作业等占25%。这样将过程性评价与总结性评价相结合有助于引导学生深入内省,增强心理体验与感悟,提高心理技能。

""互联网+"翻转课堂"新模式将学生的学习范围、学习时间进行了进一步的改变和创新。原本的大学生心理健康教育课程的开展仅限于学生课堂,而翻转课堂的模式将学生的学习从课堂中进行了解放,学生可以在任何地方进行心理健康知识的学习,通过互联网或其他视频教育资源随时随地地接受心理健康教育,这不仅能够满足当代大学生的学习特点,同时也更加人性化、系统化。心理健康教育只有满足学生的时代需求和新的要求才能够实现教学改革的真正成功。

第四节 互联网对当代大学生心理健康的影响及教育对策

互联网进入大学校园、大学宿舍已经成为一个十分普遍的现象。互联网能够为大学生带来丰富的网络资源、广阔的视野、方便的通信等便利条件,网络游戏以及上网聊天更是变成了大学生网络生活的一个重要组成部分,进而导致某些自控力较差的大学生产生了"网络成瘾症"等严重的心理健康问题,这样的状况就要求心理健康方面的教育工作者必须全面分析,找出最为有效的举措,对大学生进行科学合理的引导,让互联网发挥对大学生心理健康的积极影响,保证大学生能够健康地成长。

现如今互联网正在以一种前所未见的速度渗透到人们的日常生活当中。在"互联网+"的发展背景下,思维敏锐、勇于尝试新事物的大学生便成为互联网的主力军。伴随着互联网渗透到大学校园、步入大学宿舍内,上网这件事情已经成为大学生每日必做的事情之一。互联网在很大程度上帮助大学生开拓视野、方便通信、搜集资源,为大学生的学习、生活都带来了极大的便利。然而,互联网给大学生所带来的消极影响也在潜移默化地发展着,对大学生的心理健康都带来了巨大、潜在性的影响。

一、互联网对当代大学生心理健康的积极影响

首先,互联网可以连接全球,当大学生进入互联网的世界后,他们能够开拓自己的眼界,丰富自己的课余生活,为大学生搜集学习资源、掌握新的技能、学习科学文化知识、交流自己的情感等等;其次,互联网文化在很大程度上激发了大学生原本对知识所拥有的求知欲,丰富了大学生掌握知识的渠道。大学生通过互联网的帮助能够找到自己今后的发展方向,同时获得相应的学习资源以及发展动力,通过互联网进行学习、研究甚至进行创新,让自己的思维模式实现突破,让自己的潜能获得最大

限度地开发;最后,互联网是一个没有任何种族、国界限制的世界,这样一来便为大学生创造了一个开放自我、彰显个性的自由世界。在互联网这样一个虚拟的世界,大学生可以根据自己的喜好去扮演任何一种角色,彰显自己在现实生活中不敢显露的独特个性,还可以制作独属于自己的网站和其他人进行沟通,在一定程度上提高了大学生的自信心和成就感。

二、互联网对当代大学生心理健康的消极影响

个体和现实社会的交流越来越少,形成人际关系障碍。从根本上来讲,心理健康的一个重要标准便是人际关系。大学生如若想要拥有良好的人际关系,就必须将自己投入到现实生活当中,与现实社会多多进行互动,并且与现实中的其他大学生群体多多进行交往,这样一来大家才可以互相关心、互相爱护,产生一定的信任感,形成共同的价值观念,这根本不是说几句话、做几件事情就可以轻松完成的,它需要在日常生活的点点滴滴做起。但是,对于那些完全沉迷于互联网的人来讲,他们在互联网世界中进行交往的时间比较多、概率也比较大,往往长时间与计算机进行亲密的接触,简单来讲就是人对机、机对人的接触。沉迷于互联网世界当中的大学生慢慢开始脱离现实社会的群体,不愿意参加社团活动或是集体活动,慢慢远离了学校的宿舍、朋友以及同班同学,和现实当中的人群形成了很强的距离感。

另外,长时间的互联网交往,很容易导致大学生的人际交往能力弱化,并且还容易形成个人独立的状态,再加上个人很容易形成焦虑以及压抑的情绪,这些不良情绪和心理又在现实生活中无处去情绪、去释放,进而给大学生带来了严重的心理负担,导致大学生心理慢慢封闭起来,严重干扰了大学生正常的日常生活和学业生涯。另外,在互联网的世界中根本不能知晓对方的真实年龄、真实外貌、真实性别,所以在对互联网世界中的人进行交往的过程中,根本无法清晰地了解到对方的心理,经常会出现这样的状况:在互联网世界当中是对方的贴心朋友,但到了现实世界当中却是陌生人。

认知能力逐渐失衡。现阶段大学生正处于思维发展的一个重要时期,和现实生活相对比而言,互联网当中有着更加丰富的资源、多样化的表现形式。大学生通过互联网可以浏览并获取到变化多样的资源,而这部分资源并未经过处理和筛选便一直留存于大学生的大脑当中,如若大脑对于这部分信息的储存超出正常范围内,他们对于之后再出现的信息就不会敏锐地反应、有选择地获取,不会对互联网当中获取到的信息进行归纳总结、筛选辨别。在这样的情况下,大学生的逻辑思维能力便会慢慢弱化,对于事物的认知能力也会逐渐降低,只能够看到事物的表面,而无法深入事

物发现内在,形成认知方面的障碍。

情感问题逐渐增多、道德观念逐渐淡化。大学生的互联网交往当中,最为主要的一个领域便是情感交往。现阶段大学生处于一个情感体验的关键阶段,他们往往十分渴望异性,希望和异性多多接触,这是十分正常的一个阶段。然而,在现实生活当中,大学生往往难以表达自己的情感,害怕和异性进行过多的接触,因此他们便在互联网的世界中寻求这种情感需求的释放之地。在互联网当中大学生所存在的情感诉求基本上包含两个内容:第一个内容便是在互联网中结交异性的朋友或是对象;第二个内容便是为了实现心理层面上的愉悦或是情感方面的满足。

在互联网当中最受热议的一个话题便是网恋。因为网恋需要通过互联网媒体、依赖于文字才可以进行,十分缺少现实生活中恋爱的一个根本条件,那便是感性。所以,网恋在现实生活中的成功概率十分低,基本上都是"见光死"。尽管网恋在现实生活中的成功概率十分低,但很容易给大学生带来巨大的心理创伤或是感情创伤。正是存在着这种担忧,他们在网恋的时候更加缺少真诚,不会轻易付出真感情。同时,在现实生活当中存在着一些固有的道德和准则,而这些在互联网这个虚拟的世界中几乎都被忽视了。有些大学生原本就存在着畸形的恋爱心理,喜欢在互联网世界中对很多人进行调情,同时交好几个女(男)朋友,这样一来就会导致真心付出感情的一方受到严重的心理伤害。

容易形成"网络成瘾症"。首先,互联网当中有着各式各样的新鲜事物,对大学生产生着巨大的吸引力,很多大学生因此痴迷于互联网世界;其次,在现实社会当中,大学生进行情感交流会受到教师以及周围环境的引导或是评价,而在互联网世界中却不会受到这样的限制。于是,情感诉求愈加强烈的大学生更加沉迷于互联网世界,对互联网形成了严重的依赖性,每天甚至24小时都在互联网中度过。为此,有的大学生更是白天不去上课、不参加课余活动,对现实生活中的任何事情都无法产生兴趣。相关的统计资料表明,现阶段高等院校中有将近百分之八十考试不过关的大学生存在着"网络成瘾症"。

三、互联网环境下大学生的心理健康教育对策

现阶段互联网给大学生心理健康所带来的消极影响十分明显,这就必须引起社会各界的广泛关注,同时应当认真分析、全面研究找到最适合的教育对策,引导大学生合理地使用互联网,并为大学生创造一个健康的网络环境。

强化网络世界的心理健康教育功能。互联网在现实社会中占据了至关重要的地位,因此我们必须重视互联网的作用。第一,强化高校互联网信息资源的挖掘及开

发,形成阵地意识,主动发挥互联网的作用。并且,适当推动高等院校心理健康工作网络化的进度,充分使用互联网等形式的心理健康教育信息对于当代大学生的行为活动、思想观念进行全面的感知、引导和适当调节。第二,创建有关心理健康教育的官方网站,进行互联网的心理咨询。这种网络的咨询必须利用互联网保密性高、传播范围广泛、方便快捷的优点,为大学生提供心理健康咨询的专业服务及合理指导。这项工作必须紧紧抓住大学生上网的心理特点、在互联网中进行人际交往的心理状况以及网络中存在的心理障碍等几大主要的心理问题,有计划、有目的地进行心理辅导工作,及时抑制不良心理问题的萌芽。

提升大学生的认知能力。大学生与互联网世界进行接触后,会被其中丰富多彩的世界所吸引,但他们无法筛选出有效、真实和健康的信息。那么作为心理教育工作者而言,就要帮助大学生提高认知能力,让他们学会分辨其中的真假。首先要在日常教育工作中慢慢培养大学生形成自主搜集信息、获取信息和使用信息的综合能力,培养大学生独立思考的能力。教导他们学会筛选信息,从中找到自己所需要的正确信息;其次还要帮助大学生形成正确的三观,强化大学生的责任观念,利用讲座、社会实践等活动,帮助大学生形成高尚的品德素质,让大学生可以自觉抵抗不健康信息的影响。

加强高等院校的校园文化建设。高等院校利用具备多样化的校园文化活动,积极引导大学生参加到校园文化活动的建设当中,举办科技竞赛大比拼、网络读物分享等活动,广泛吸引大学生的注意力,让大学生避免对互联网产生严重的依赖性,同时增强大学生适应互联网的能力,在某些层面上还可以提升大学生的创业能力,增强其自主创新的能力。

加大对某些大学生网络成瘾症心理的调节力度。现阶段国内及国外的研究学者开始重点针对"网络成瘾症"产生临床方面的研究。通过研究进一步发现,网络成瘾症是一个十分广泛的概念,牵扯到很多方面的因素,并不能够通过全面禁止的方式来缓解这种症状。所以,对于患有网络成瘾症的大学生来讲,应当采取合理疏导的方式,帮助大学生形成科学的上网心理,慢慢摆脱网络成瘾症的困扰。

利用心理健康教育工作对大学生进行科学合理的引导,帮助他们正确合理地使用互联网,让大学生在多姿多彩的互联网世界中彰显个性、获取知识、开拓眼界,而不是在互联网中完全迷失自己。拥有互联网知识的当代大学生,是我国今后发展的重要人力资本,作为心理健康教育工作者来讲,我们应当对其进行科学合理的引导,让他们在互联网的时代背景下获得健康的成长。

第五节 基于""互联网+""大学生网络心理健康教育

本节通过针对目前"互联网+"背景下中的大学生群体提出了基于""互联网+""的大学生网络心理健康教育的方法,分析了该心理健康教育的方法的优势,希冀对相关的心理健康辅导提供一定的借鉴与帮助。

随着网络和科学技术的进步,整个世界的工作运转也逐渐数字化信息化,人们的日常工作学习逐渐离不开数字化网络化。目前来说,信息资源的迅速发展让因特网时代迅速来临。在这种环境下成长的一代大学生,从小就接触到网络,在新时期网络作为一个大学生群体的发展过程中,学习、生活和网络之间建立了密切的关系。经济的增长发挥了重要的作用,但是也增加了一些划时代的严峻挑战。大学生的心理健康是非常需要关注的。一些新的情况和问题摆在当今社会面前。这些问题已经变成了大学生发展的最大绊脚石,逐渐成为最不利的因素。大学生在这些负面因素中,会逐渐产生一些负面的心理状态,进而会导致更严重的问题产生。大学生可能会面临这些问题。心理健康教育工作者应立足自身职责要求,以自身的专业水平和对下一代成长发展的积极性,致力于网络时代大学生的心理健康教育。

一、心理健康教育的目的及意义

完善心理健康课程教育体系,实现在线与线下同步教学。大学生心理健康教育课程已成为高校的一门必修课。然而,该校的心理理论课只有6课时,这意味着通过课堂教学不能实现心理教育的目的。

创新心理预防机制方式。改变传统的人力记录方式,通过开发智能网络心理健康教育APP,通过APP实时监督学生的心理健康情况,实现心理危机"学院心理健康中心、系部、班级、宿舍"的四级及专业医院转介的"4+1"实时报送工作机制。

二、互联网技术为大学生心理健康教育提供新途径

当前,网络在与心理健康教育相结合的过程中,具有时代性、便捷性和超越时空的特点。网络心理健康教育是社会心理健康的新途径。在互联网的技术支持下,心理健康教育呈现出互动性、多元性、个体性、自主性等特点。大学生容易学。接受新事物的群体在网络时代的成长和特点表明,一些新问题也与网络有关。

拓展心理健康教育工作时空。互联网的一个重要特征是它超越了时间和空间。

信息和资源可以通过网络技术在世界各地传播。这个时代的大学生可以随时在互联网上自由获取资源和收集信息。他们的学习和生活也越来越依赖互联网。网络已成为大学生心理健康教育的必要条件。在此背景下,通过网络环境与大学生自由交流,可以帮助有心理问题的学生及时纠正,走出阴影,重新进入阳光生活。同时,网络心理健康教育的形式和内容也在不断增加,建立了大学生参与的平台。大学生可以使用这些网络。平台被认为是一个可以在这个空间里畅所欲言的地方。毫无疑问,网络心理健康教育比真人面对面教育更具隐私性。

增强心理健康教育干预效果。在目前的传统的教育方式中,健康教育没有新的教学,并且因为现在的大学生更多地不愿意与他人进行心理的交流沟通,并且着重在意自己的隐私方面,许多大学生的心理健康的发展就出现了一种状态,那么这种状态就是负面的,然后将会一直有持续下去的状态,这就进一步导致了很多健康咨询处的作用降低。往往是健康咨询处建立后,很长一段时间也仅仅只有几个学生来进行心理的交流疏通,并没有很多大学生前来进行业务心理咨询。然而,越是这种状态,那么教育越不能更加及时地掌握学生此时的心理困惑或者心结,最终会导致心理咨询方面的教育者逐渐丧失相应的耐心和实践经验的停滞,不能够及时更新自我的知识,同时也不能让心理健康咨询这一行业健康持续发展下去。他们的工作在网络时代的运动,使大学生这个群体更加活跃。一些社交网络工具或平台被用来表达他们的真实想法。这样,对于心理健康教育者来说,他们将有更多真实和丰富的实践数据,然后他们将根据自己的专业知识采取有针对性的措施加以纠正。另一方面,还对网络上的大量实例进行了相应的表述。对心理健康咨询人员来讲,这些实践经验以及病例状况都可以经过网络的便利进行查阅和参考。因此如果有网络的加持,那么这一行业也更加健康持续进行下去,这就是为什么心理健康教育需要新时代的网络结构来进行应用和发展。这对预防纠正和大学生的心理问题非常有益。

三、大学生心理健康教育在互联网环境下存在的问题

大学生成长与发展环境复杂化。当代大学生在学习、就业、人际关系、经济等方面都面临着各种各样的问题。他们的学习竞争日趋激烈。这些因素的出现早于现在。大学生成长环境的复杂性,使校园环境不再是过去简单的模式。社会节奏的变化使学校发生了迅速的变化。这些问题已经成为大学生成长与发展的两难困境。

大学生主体的心理问题多样化。网络时代大学生成长与发展环境的复杂性导致了多种心理问题,主要表现为认知困惑、人格障碍、自律弱化、沟通障碍、情感疏离、网络成瘾等认知困惑。主要是指在多元价值观的时代,大学生在面对一些对错问题

时可能会不稳定。人格障碍导致对问题的误判,是指一个人行为方式的非传统的执行方式。

心理教育工作者调控能力有限化。网络时代的大学生在心理问题上表现出这个时代的特点。网络存在太多的不确定性。各种政治、经济、文化和社会信息在网络中无处不在。有些事情是正确的,有些事情是错误的。许多错误的信息会美化和包装大学生,因为他们没有深入参与世贸组织,他们对一些正确和错误的问题有模糊的理解。目前还不清楚,因此,在进行价值判断时,会出现位置不稳定的情况。在这个变幻莫测的时代,心理健康教育工作者必须与时俱进,勤于观察,总结经验,有些工人不想进步,仍然停留在过去的老眼光中。当前的心理健康教育是以一些老方法来应对大学生的心理问题,缺乏学习意识。这是教育工作者面临的一个明显问题。

四、网络时代大学生心理健康教育工作的创新方式

网络时代的到来是当前发展的必然趋势。网络时代大学生的心理问题是很难避免的。根据时代特点,寻求解决大学生心理问题的途径是全社会的任务。鉴于网络时代大学生的心理问题主要表现在理论和实践上,在寻求解决办法时应予以考虑。从这两个维度突破,在整个过程中,心理健康教育工作者的责任和使命尤为艰巨。具体而言,该文主要从三个方面探讨网络时代大学生心理健康教育的创新。

加大网络时代心理健康教育的理论研究。理论是实践的指导。预防和纠正大学生心理健康问题是一项实践性工作。工作质量直接关系到心理教育工作者的工作。在网络时代,理论是心理健康教育者引导大学生成长的行为,是不可预测的,环境是非常复杂的,心理问题的表现与以往的理论不一样。针对这种新的环境和形式,根据现实社会经济、政治、社会等因素的变化,结合大学生自身的成长特点,对解释得很好的心理健康教育理论进行改革,更好地服务于一线工作者的工作,更好地满足大学生自我发展的需要。加强网络时代心理健康教育的理论研究需要政府的支持。政府应在这一领域投入更多的资金,为科学研究提供财政支持和政策支持。社会应建立相应的评价机制,促进心理健康教育理论研究的突破和发展。

构建有效微课学习平台。有教育相关的专家表明,在学习整个过程中,学生的高效率学习的时间只能平均维持在10min左右,若大于这个时间的区间,那么该学生就会逐渐丧失学习的兴趣,进一步降低学习劲头;如果超过这个时间范围,则学生难以再次开展高效的学习。若互联网视频教育的时间多于5min,那么同样学生的学习兴趣也会降低,最终出现排斥学习的状况。所以,平时学习过程中,课前要适当制定课件的适当时间,合理把控学生学习兴趣。保证学生对于知识获取的效率。从另外

一个角度来看,微课程的教学课件是烦琐的,烦琐的课件就将导致一种状况,那就是对学生时间的利用率不是很高,最终引发的是教学资源的浪费。对于新媒体来说,这是一个效率更高的学习领域,通过新媒体,可以让教学的科目更加灵活,课件与学习资源的搜索使用也更加全面广泛,最终达到提升效率的目的。在新媒体环境下,视频的下载浏览已经不再是单一地放置于一个小的平台内进行操作了,而是能够通过因特网,将视频通过网络进行传播浏览,具体的可以经过web、影视剧、fm、移动终端等途径进行展开教学资源。全媒体策划是影视教学必不可少的内容。

目前进入新时代,网络心理健康教育的发展是时代潮流的发展要求。通过因特网进行教育在近些年来逐步兴起,并且得到了良好的反响与一定的收益,这也是在目前的教育环境中的教育基础和教育中心要点,在这个互联网穿行的时代,教育领域里面所出现的非主体性潮流。但是,许多教育专家认为要从积极方面来考虑,这种教育的联系性和拓展、氛围是更加灵活,全面,更加拉近人距离的教育结果。所以,通过发展整个教育界的互联网教育来进行转变教育行业的一些固有观念,大力宣传利于教育的创新的领域。

第六节 "'互联网+'教育"趋势下大学生心理健康教育教师师能

心理健康教育课程是高校心理健康教育的重要途径,高校全面推进心理健康教育课程建设过程中,教师师能高低直接决定心理健康教育效果。本节通过对大学生心理健康育课程特点的再认识,对"'互联网+'教育"趋势下高校心理健康教育教师的师能进行思考,提出了提升其师能的方法。

随着社会经济快速发展,大学生面临的环境日益多元化、差异化,大学生心理问题也随之日益突出,各高校陆续开设心理健康教育必修课程,成为大学生心理健康教育的主要阵地。教育是面向未来的事业,若用昨天的方式培养今天的新人,就可能让他们失去明天。科技在不断进步,时代在快速变迁,在互联网技术的春天里,"'互联网+'教育"应运而生,心理健康教育教师应该顺应这种变化,努力提升师能,应用互联网技术解决传统教育模式下不能解决的问题,不断提高课程教育质量。

一、大学生心理健康教育课程特点

大学生心理健康课程是一门集知识、体验、实践为一体的综合性课程,通过教学体验激发学生的自我感知和心灵成长,与知识型课程有所不同:

教学目标重体验。知识型课程强调知识性,通常以经典理论和前沿科学作为教学重点,其主要基础是间接经验,教学目的是传授系统的学科知识。而心理健康教育课程的主要教学目标是促进学生健康成长和发展,是不断生成、自主建构的过程,课程教学更倾向于以直接经验为基础,强调学生的自我体验和认知。

教学主体重学生。传统讲授式教学通常以教师为中心,教师是知识的传授者,在教学中起主导作用,学生作为知识传授的对象,是课堂内容的接受者。而大学生心理健康课程则利用心理学的专业特点,将团体心理训练融入知识教学,是强调体验性、互动性、实践性的理论与操作相结合的课程。此课程的教学以学生为中心,学生是课程教学的主体,课堂教学过程是教师促进学生主动建构心理的过程。因此教学形式上遵循"以学生为本"的原则。

教学评价重过程。传统教学评价重视的是学生对知识的掌握的情况和实际应用的能力,书面考试、实验考核、实训操作是评价的最重要方式。而大学生心理健康课程的教学效果取决于学生是否产生了真实的体验及其质量,更加强调过程性评价、动态性评价和情境性评价。

鉴于心理健康教育课程与传统课程的差异性,尤其在""互联网+""教育趋势下各种新的教育技术、教学形式的诞生,心理健康教育课程教师更需要提高自身能力,突破传统教学模式,充分利用互联网教学技术,摸索更加科学合理的教学模式。

二、"'互联网+'教育"趋势下师能的内涵

""互联网+""让教育走向开放,"'互联网+'教育"是指借助互联网搭建教育工作载体,转变传统的教学方式,切实将互联网融入教育工作的方方面面,更加注重学习者的自主学习能力,不仅打破了传统教学中时间与空间的限制,更是教育工作发展的转型,由此给教育工作者带来了诸多挑战。新时期,教师应迅速转变自身教学观念,掌握新型教学模式,以适应这一趋势。

所谓师能,即教师的职业能力与教育教学技能,指教师从事教育工作和教学、科学研究的基本能力。高校教师是集教学与科研于一身、学术研究与教学实践相结合的教育工作者,要具有宽厚的专业基础、扎实的学科知识、出色的教育教学工作能力。"'互联网+'教育"趋势下,师能主要表现为"知识建构能力、课程建设能力、信息技术运用能力"等几个方面。

(一)知识建构能力

1. 理论知识基础

"互联网+"背景下,知识和信息唾手可得。心理健康教育是一门高度综合性的

应用型课程，涉及的理论知识包括普通心理学、发展心理学、社会心理学、咨询心理学、团体心理学等。要上好这门课，教师必须借助互联网络，广泛摄取心理健康教育理论知识，并将相关知识融会贯通。只有具备了坚实的基础知识、精深的专业理论和较高的学术水平，才能在教学过程中深入浅出地传授知识。教师丰富的知识体系能让学生产生信赖感和发自内心的认同和尊重并转化成榜样的力量，利于提高学生的自主学习热情，促使教学过程顺利进行。

2. 科学研究能力

心理健康教师还应具备一定的科研能力，通过对心理学和心理健康教育的科学研究，进一步完善知识结构，提高学术水平，加深对相关主题的理解与认识，从而获得更先进更科学的知识。同时，通过增强自身科研意识、提高科研能力，指导教育教学实践活动，培养学生科学探究意识，挖掘学生潜能，提高学生素质。

（二）课程建设能力

1. 具备教学活动设计能力

心理健康课程需要借助互联网、通过体验式教学达成教学目标，因此，心理健康教师需灵活掌握多种教学方法，尤其是线上线下融合的教学方法，将知识融入体验之中，丰富教学内容，以达到较好的教学效果，提高教学质量。

2. 具备课堂组织能力

教学过程是教和学的双边活动，是教师与学生之间的交互活动，是教师落实教学设计的关键环节。要使教学活动和谐有序且能最大限度地释放学生的内在潜能，需要教师有良好的课堂组织管理能力，巧妙结合线上线下教学活动，有效调动学生的主动性和参与性，让学生在教学过程中有丰富的体验和收获。

3. 成为学生的学习顾问、评估者

心理健康教师在授课过程中不仅要教学生知识，更重要的是教会学生学习的方法，通过学习方法的传授，培养学生自我学习能力，使其在课堂之外也能获取所需的知识与经验，提高自我心理保健能力。另外，心理健康课程承载着心理健康教育功能，要求教师有一定的心理评估能力，能及时发现面临心理困扰需要心理辅导的学生，给予适度辅导，帮助他们渡过心理困境。

（三）信息技术运用能力

1. 网络信息整合能力

我们处在互联网兴盛的时代，各种网络平台上的海量资源随时可以成为教学素材。能够熟练地通过网络获取有用、可用的教育信息，并融入教学中，是每一位心理健康教师应该具备的能力。

2. 驾驭数字资源开展教学的能力

心理健康教师应该能够利用计算机辅助教学，如通过图片、背景音乐、动画、视频等多媒体课件使教学内容更加丰富生动，此外，还应该积极发掘最新的网络教育软件或者手机 APP 来辅助教学。

3. 具备开发数字资源的能力

心理健康教师要具备电子资源制作的能力，例如制作教学视频、微课等。同时，积极开发在线网络资源，将优秀的教学设计、课程活动等课程教学资源用文本、动画、音频、视频等方式呈现出来，上传互联网平台，供他人学习借鉴。

（四）富有创新能力

创新能力是教师师能的灵魂，富有创造性的教师总是善于吸收最新教育科学成果。"互联网+"背景下，信息更新迭代异常迅速，能够积极地将最新知识成果运用到教育教学及教学管理过程中，形成独到见解，在实践中不断创新，发现各种行之有效的新的教学方法，是心理健康教师应具备的能力。

在教学内容的选择上，教师要有很强的驾驭教材的能力，将相对陈旧的知识用新的方式去呈现，增强趣味性与吸引力。在教学组织上，要针对不同班级、不同群体学生的课堂反应有较强的敏感性，做出有针对性的调整，因材施教。在教学技巧上，要善于变换各种教学手段，根据学生的思想动态和实际的心理需求选取有效的方式激发学生、鼓励学生。在教学风格上，要运用轻松活泼的态度贴近学生、以幽默风趣的教学语言吸引学生，从而提高教学效果。

三、"互联网+"形势下心理健康教师的师能提升

在"'互联网+'教育"趋势下，结合心理健康教育课程特点，师能提升应从以下几个方面去达成：

（一）高校对心理健康教育教师的师能培养

1. 充分利用既有资源开展培训

由于心理健康教师接受的计算机、网络应用训练较少，相关能力可能有所欠缺，因此，高校可从实际出发，利用本校既有专业资源开展计算机操作和信息化能力培训，或选派教师到校外参加相关的信息化教学培训等，使其接受最新的知识、技术，把握最新学术动态，为其更好地利用信息化技术打下基础、创造条件。

2. 充分发挥"结对互助"积极作用

高校可以请具备扎实信息化教学能力，或具有丰富信息化教学经验的教师作为指导专家，有针对性地对经验不足的教师进行信息教学指导，提高其信息化教学技能的同时，通过有经验教师的感染和熏陶，促进经验不足教师积极主动地探索、实践教学信息化。

3. 增强教师职业认同感

教师的职业认同决定了教师工作行为的基本态度，深深影响着教师对自我、对职业的感受。教师只有建立了内在的职业认同，其工作的积极性才会高，工作成效才会显著，才会有发自内心的精神满足，切实感受到职业带来的价值感和幸福感。高校应大力推行教师师能提升，增强教师职业认同。同时，应将教师师能纳入个人发展的考察范畴，树立师能榜样，使得其沉浸在师能提升的良好环境中。

（二）心理健康教师自身师能建设

1. 自主学习信息技术，提高教育教学技能

心理健康教师要加强自主学习，可以通过网络资源主动学习信息化的教学手段和技术。还可以通过心理健康教育在线开放课程，学习优秀的心理健康教师如何使用信息化手段促进教学设计、教学实施、教学评价等过程。另外，教师可以尝试制作一些运用信息化技术的教学作品"以做促学"，在实践中提高信息化教学能力，熟悉现代教育技术手段。

2. 积极开展教学研究，向专家型教师转变

心理健康教育教师要通过相关的研究促使自己成为教学方面的专家，合理利用心理学、教育学研究方法，深入了解学生心理特征、知识水平、学习能力等，从而更有效地开展教学。同时，通过开展教师教研讨论、师生座谈会等多种形式的教研活动，取长补短，总结经验教训，不断改进教学方式方法，不断提高教学能力，逐步成为专家型教师。

3. 不断完善知识体系，善于思考勇于创新

心理健康教师还应与时俱进，淘汰旧观念、旧知识、旧习惯，充实完善自己的知识库，永远给学生带来新鲜的养料。在知识不断更新的过程中进行深度思考，增强创新能力，充分发挥想象力，不拘泥于既定的程序或已定的计划，结合教学工作实践推陈出新，根据教学需要灵活多变，成为学生创新能力培养的启迪者和楷模。

总之，"'互联网+'教育"趋势下，心理健康教师应适应时代要求，增强自我完善意识，不断提高综合素养，敢于创新，善于创新，力争成为德能兼备的教育者。

第七章 "互联网+"背景下大学生心理健康教育模式构建

第一节 互联网背景下大学生心理健康教育实践研究

随着信息技术的高速发展,互联网教育日益兴起,对大学生心理健康教育实践提出了新的契机和挑战,发挥互联网优势可以为心理健康教育提供新途径、突破时空限制和及时了解学生动态,建设互联网背景下大学生心理健康教育实践,需要通过构建互联网背景下大学生心理健康教育课程、调查、档案、咨询等模式来实现。

在网络技术快速发展的时代,5G时代即将来临,互联网的发展给大学生心理健康教育实践也带来一定的挑战和机遇。在整合信息技术优势的基础上,将心理健康教育同互联网相结合,借助互联网优势,促进大学生心理健康教育与时代发展同向同行,能够有效提高教育的针对性、实效性,并且有利于大学生心理健康教育工作良性发展。互联网与大学生心理健康教育实践的融合,拓宽了高校心理健康教育实践的途径,更新了心理健康教育实践的资源,拓展了大学生心理健康教育实践的模式,可以更加及时、便捷、有效地为大学生心理健康服务,为大学生健康成长成才助力护航。

目前高校虽然构建了心理健康教育实践工作体系,但是专职心理健康教育教师相对高校学生数量严重不足。尽管有个别高校通过输送辅导员参加心理健康教育知识培训后,作为兼职心理健康教师,但是辅导员自身工作事务容易影响心理健康教育工作,在具体开展大学生健康教育实践上很难脱离辅导员的身份,说教的味道过浓,学生也会顾及教师的辅导员身份,不能真正敞开心扉,开展心理健康教育的效果不是很理想。以笔者所在高校为例,心理咨询中心有2位专职人员和6位兼职教师。学生如果有心理问题需要咨询,受教师人数的限制,只能先行预约,咨询中心工作人员根据心理健康教育教师工作安排约定心理帮助的时间,学生心理问题在一定程度不能及时得以解决。学生获取心理健康知识主要通过心理健康教育选修课,每年选修人数在600人左右,主要针对大一学生开展,全校每年招生3 000人左右,覆盖面在20%左右。

心理健康教育知识获取形式较单一。心理健康教育必修课和选修课是高校学生获取相关知识的主要渠道，在课堂之上被动接受教师的传授，效果较差。由于大学生来自不同的省份、不同的家庭等，存在的心理困惑有所不同，统一的教育模式忽略了学生的个体差异。课外主要通过"5·25"心理活动月等宣传活动进行知识普及，普及效果不好评估，缺乏互动环节和针对性。而90后的大学生个体意识比较强，不喜欢说教式的理论灌输教学方式，他们乐于关注自己喜欢的和需要的，对于符合自己价值观念的，能够深入下去，致使传统心理健康教育实践效果甚微。

心理健康教育渠道存在一定限制。传统心理健康教育在解决学生心理问题方面主要是通过面对面的心理咨询，由于心理咨询在我国发展历史较短，学生对心理咨询普遍存在一定排斥。学生有心理问题时，一般选择自己扛着，不敢向别人倾诉，生怕被别人贴上标签，缺乏心理咨询安全感，致使很多有心理问题学生没有及时向心理咨询专业人士求助，致使一部分学生心理问题由一般心理问题发展为严重心理问题，甚至更加严重。

一、互联网背景下大学生心理健康教育实践优势

（一）为高校心理健康教育提供了新的路径

目前，大学生都在使用智能手机或者移动互联设备，这些移动互联终端可以非常方便并且快速地获取信息，他们的校园生活每时每刻都离不开微信、QQ等网络工具，在互联网上他们可以隐藏自己的真实身份，发表匿名言论，学生可以毫无顾忌地在网络上倾诉自己的问题，在一定程度上缓解心理压力。另一方面，学生当出现心理问题时，可以匿名注册新账号，与心理健康教育教师进行交流帮助，他们可以毫无顾忌地表露自己的真实想法，因为网络另一端的教师无法知道他们的真实身份。心理健康教育可以针对网络上反映的问题数据加以分析整理，初步给予相应帮助，能够比较及时有效地与问题学生建立良好的连接。

（二）突破了心理健康教育的时空限制

移动终端可以随时随地获取信息，在这信息高速传输的互联网世界里，高校心理健康教育教师可以运用多媒体技术，通过多种多样的信息传输方式，不受时空限制地向学生传播心理健康知识，以学生乐于接受的方式，引导学生树立正确的心理健康观，参与到心理健康教育活动中，进而在有问题的情况下接受心理帮助，可以保证针对学生自述情况，及时给予心理帮助，可以大大提高心理健康教育的及时性和有

效性。突破了课堂教学载体的有限性,丰富了心理健康教育工作的方式方法,增强了心理健康教育工作的有效性、及时性。

（三）提供了心理健康教育自我服务的路径

互联网的发展给心理健康教育带来了丰富的教育资源,学生具有更多的自主选择性,可以根据自己的心理问题选择符合自己需要的服务信息,例如可以选择自己了解并且喜欢的教师讲授的课程,这样他们可以更加容易学习知识,更加信任教师的讲解,也可以参与自己了解的话题讨论,在讨论中互相学习借鉴,激发其自我管理、自我服务、自我成长的潜力,更有利于学生自身健康成长[7]。这种路径减少了说教意味,更重要的是学生自我获取,根据自己所需,主动开展相关知识的学习,由要我学变为我要学,学生的学习积极性更高,学习效果较好,在潜移默化中接受了心理健康教育。

（四）可以及时了解学生心理问题状况

通过传统的面对面调查或者问卷调查,学生容易对自己的问题有所顾及,对问题选项加以揣摩,从而影响数据的真实性,增加了大学生心理健康教育的难度。互联网具有一定藏匿身份的特点,对于大学生来说是一个极好的宣泄感情的平台,他们通过学校专题网站或者贴吧等,在其上发表自己的看法、表达自己的心情。由于身份的隐秘特性,学生所表达的内容比较真实可靠,与学生内心吻合度较高,这些都为心理健康教育教师提供了获取信息的渠道。教师对所获取信息进行整理分析,可以了解到学生心理健康整体状况,把握学生心理动向,提高工作的针对性和时效性,便于精准开展心理健康教育工作。

二、互联网背景下大学生心理健康教育实践的途径

（一）构建互联网大学生心理健康教育实践新平台

构建"互联网+"心理健康教育平台需要高校建立心理健康教育专题网站,学生借助移动互联网终端接收和反馈信息。由学校心理咨询中心运营这个网站,以学校兼职心理健康教育教师为补充,以院系辅导员为载体,在互联网上可以隐匿兼职教师的辅导员身份,通过在网络上获取的学生问题信息,加以整理分析,容易解决的问题,可以在网上互动解决;对于问题较复杂的,可以初步在网上沟通建立信任后到咨询室通过面对面的方式重点解决。以班级心理委员为朋辈辅助的平台,以同学朋友的身份,通过以心换心的交流,发现同学的问题,在沟通交流中、在日常生活相处中,

帮助同学应对问题，但是前提必须是心理委员具备一定的大学生心理健康教育知识，对大学生普遍存在的诸如学习适应问题、宿舍同学关系问题、人际交往问题、恋爱和性问题、择业压力问题等进行专业指导和帮助。在"互联网+"心理健康教育实践的具体路径上，要向多元化的方向发展，不仅强调知识的获取，也要重视认知的接受与改变，而且更加强调在互联网中的自主性、互动性。

（二）构建互联网大学生心理健康课程体系

目前，高校普遍采用网上选课，也在尝试一些课程的慕课、微课，"互联网+"教育在一定程度上正在改变中国教育的发展，移动互联网终端正逐渐成为大学生学习和生活的必备要件。高校可以在校园网上建立心理健康教育专题网站，将适合的心理学课程放到网上，可以借鉴全国知名专家的讲座内容，也可以组织本校教师制作精品课程，发布到校园网站上。学生可在专题网站上选择适合自己状况和爱好的心理健康类课程，也可通过校园APP在线学习。学习平台可以通过微信公众号向学生推送比较普遍的、常见的大学生心理健康教育相关知识，学生存在问题疑惑可以通过QQ群或微信群讨论问题或向老师提问。通过互联网的互动学习，既有利于同学与同学之间的相互交流，也有利于学生正确对待心理健康问题，使大学生能够认识到大部分同学都有类似问题，能够直面心理问题，而不是讳疾忌医，对于心理问题避而不谈，在整体上可以提高大学生对心理健康的正确认识，从而提升大学生心理健康素质。

（三）构建互联网大学生心理健康教育调查体系

心理调查是学校心理健康教育工作人员获取学生心理状况的主要途径，获取学生心理状况在一定意义上比解决问题更重要，作为高校只有准确掌握学生的心理数据，才能有效开展相关教育教学活动，才能制订符合本校学生特点的工作方案，以及制定各种心理应激预案，才能提高大学生心理健康教育实践的针对性和有效性。传统问卷调查的发放和回收都有一定难度，统计回收数据信息，更是需要一段时间，时效性不强，而且学生需要集中填写问卷，缺乏私密性，学生在填写时都会有所顾忌，怕被别的同学看到自己的问卷。借助互联网开展心理调查就非常方便快速，学生可以随时随地利用手机统一登录某个网址，在网上填写调查问卷内容并提交，系统就可以自动完成数据统计分类。心理健康教育教师可以在第一时间通过后台了解学生状况，并对学生状况进行分类整合，为高校心理健康教育教师合理有效地开展工作指明了方向，并且可以针对某个学生的情况开展心理健康教育。

（四）构建互联网大学生心理健康教育档案系统

目前高校都会在新生入学后进行心理健康教育摸底普查，了解学生心理健康状况。学校通过网络系统建立每个学生的心理健康档案，借助互联网建立大学生心理健康教育档案大数据，可以分析不同年级、不同地域、不同家庭学生的心理健康教育特点，便于开展心理健康教育研究。"互联网+"大学生心理健康教育档案可以方便调取每个学生的成长档案，也便于及时更新增加内容，相比传统档案应用性较强，使用更加方便，为开展心理健康教育研究和分析提供了便利渠道，提高心理健康教育的实效性和针对性。心理档案可以全面包括学生的基本信息、既往病史、早期教育情况、心理特点、心理测验结果、心理咨询记录等，能够方便心理健康教育教师从整体上把握学生的心理现状，在使用和调取时，只要输入学生基本信息，就可快速调出学生在校四年的心理健康档案。互联网心理档案建立后，最重要的就是依据学生的心理变化不断更新，保证信息处于最新状态。

（五）构建"互联网+"大学生心理咨询系统

互联网背景下大学生心理咨询是借助网络工具的优势，运用传统理论方法，帮助有心理问题的大学生以之喜欢并乐于接受的方式完成心理自助的一个过程。例如对于存在一般心理问题的学生，可以通过"互联网+"心理咨询改变其不合理认知，使其走出困惑，恢复心理健康。对于具有较严重心理问题的学生也可通过互联网交流了解其状况，在互联网咨询的同时建立初步信任关系，不断提高学生自我认知和对心理健康教育的新认识，对于不能通过互联网咨询的问题，可以在互联网咨询的基础上增强对教师的信任，进而到心理咨询室开展进一步的咨询帮助，给其提供专业的、有效的帮助。高校积极开展网络心理咨询，不仅有利于心理辅导教师更清楚地了解学生的真实想法，而且有利于心理健康知识的普及。对于学生关注度较高的热点问题也可以通过QQ群、微信群，进行一对多的咨询帮助，用专业合理的心理健康教育知识引导学生树立正确的认知。

互联网背景下大学生心理健康教育实践模式的构建，在很大程度发挥了互联网优势资源，优化了传统心理健康教育模式，更好地发挥心理健康教育作用，为大学生心理健康教育注入了新鲜血液，提升了心理健康教育效果。但互联网资源也存在一些弊端，在与心理健康教育融合过程中，不能全盘要求与互联网相结合。在具体开展心理健康教育实践过程中，不应过分强调使用互联网，从而忽视了传统教育的优势，不应过分注重互联网形式，而全盘否定传统教育模式。两种方式教育各有自身优缺点，应当在适合并恰当的条件下，两者相互融合，以便更好地促进大学生心理健康成长，这仍是一项任重道远的工作。

第二节 "互联网+"背景下大学生心理危机预防教育

随着互联网的快速发展,网络广泛普及于大学生的日常生活和学习中,成为大学生不可缺少的部分。但是,互联网的发展在给大学生带来诸多便利的同时,也给大学生的心理健康造成了一定负面影响,包括认知危机、情感危机和人际关系危机。对此,高校要加强互联网心理健康教育教学活动和宣传、建设互联网大学生心理危机教育预防系统、完善互联网大学生心理危机教育干预机制,保障大学生在"互联网+"背景下的心理安全。

互联网是一个包容自由的信息沟通分享平台,也正因为其包容、开放且自由的特点,它已成为大学生日常生活发表观点和交流的主要平台。《2018中国大学生日常生活及网络习惯调研报告》显示,至少有86%的大学生在进入大学之前就开始使用手机上网,且大部分大学生都会在日常使用QQ、微博、微信、网络短视频等应用。由此可见,越来越多的大学生开始成为互联网的活跃分子。不过,任何事物都有两面性,互联网在给大学生正面心理影响的同时也可能给其带来负面心理影响。因此,本节将分析探讨"互联网+"背景下大学生心理危机预防教育。

一、心理危机预防的必要性

心理危机通常指的是一个人所处于的境地超过了其应对问题的能力和周围资源的支持,从而产生的暂时性心理失衡状态。心理学家卡普兰的观点是,心理危机是心理上遭受外部刺激或者受到打击,从而引发的创伤性反应。高校大学生心理危机一般都具有突发性、普遍性、复杂性以及危险性等特征,而心理危机的成因往往包括许多种,如认知方面、情感方面、人际关系方面等。大学生一旦发生心理危机,如果缺乏社会的有效支持,就很可能出现自伤事件,对学校、家庭和社会造成严重负面影响。因此,"互联网+"背景下大学生心理危机预防教育的开展十分重要,针对处于心理危机状态的大学生个体采取行之有效的措施,能及时给予大学生以适当的心理援助,帮助其尽快脱离困难,恢复积极的心理健康状态。

二、"互联网+"背景下大学生心理危机普遍分类

认知危机。"互联网+"背景下,很多大学生的认知正逐渐向着消极的方向发展,原因分为两方面:一方面是互联网的依赖和使用会使大学生丧失与人面对面交往交流的机会,致使大学生无法充分体验大学生活,阻碍大学生的认知健康发展;另一方面是因为大学生接触大量的网上亦真亦假的信息,但却难以在短时间内消化处理,

容易被人诱导，认知产生偏差，甚至出现思维混乱、网络成瘾等问题。

情感危机。互联网平台上，人和人之间不需要面对面就可以进行交流，虽然有不受空间时间限制的优势，但也让大学生难以体会面对面交流的情感互动，无法感受现实生活中丰富的情感变化，丧失现实人际交往情感交流能力。而当大学生遭受人际交往情感挫折后，大多会从网络上寻求安慰，最终导致情感的异化和迷失。

人际关系危机。大学生过集体式生活，而网络的沉迷和依赖会占用同学间互相交往和集体活动开展的时间，从而阻碍学生人际交往能力的培养。网络具有开放性，并没有成文的规定可以保护网络人际关系。这会使一些不法分子借助网络这一掩护，欺骗诱惑大学生，获取其身份信息，谋取钱财甚至威胁人身安全，而被欺骗和伤害的大学生容易自卑或走极端，出现信任危机等各种心理问题。

三、"互联网+"背景下大学生心理危机预防教育具体策略

加强互联网心理健康教育教学活动和宣传。"互联网+"背景下大学生心理危机的有效预防目标的实现要求高校不应当只关注心理危机事件本身，而应该更长远地考虑应当怎样去预防和避免心理危机事件的发生，从心理健康教育入手，开展预防教育。

第一，高校应当将"互联网+"背景下心理健康教育作为一门重点课程，并纳入教育方案中。教师可以通过慕课、微课等新型教学模式，丰富课堂教学资源，以实际例子来引导学生正确了解互联网对心理健康的利与弊影响，让学生学会科学合理地使用互联网技术，明白沉迷于互联网的不良后果，并鼓励学生合理安排上网时间，多与人进行面对面交流交往，充分利用互联网的优势，排除互联网的危害，预防心理危机。

第二，高校可以组织开展各种互联网心理健康教育相关的校园活动，如青少年心理领域权威专家宣传讲座、心理健康知识竞赛、心理健康案例教育短视频拍摄等，以此在校园范围内营造良好的心理健康教育氛围，促进预防教育的开展，降低大学生心理危机出现的概率。

第三，高校可以打造心理健康教育"两微一端"（微博和微信客户端）宣传平台。当前，大学生对校园传统宣传的兴趣度和关注度不高，因此，高校应当把握大学生主要关注的网络新媒体，顺应发展潮流，将高校心理健康教育和微博、微信联系在一起，通过官方微博、微信公众号等搭建起新型心理健康教育宣传平台，让这些知识更容易被大学生接受，提升宣传效果和效率。

建设互联网大学生心理危机教育预防系统。"互联网+"背景下建立的大学生心

理危机预防系统,是充分发挥心理危机预防作用的主要渠道,具体可分为以下内容。

第一,借助网络平台建立心理危机评估预警数据。高校可以利用网络平台(QQ、微信、微博),发展评估和预警相联合的心理危机预防体系。首先,高校可以通过平台,从成长历程、人格特点、生活琐事、社会支持以及抑郁情绪等方面对大学生进行心理危机评估,再由专业心理人员对评估出心理危机的大学生进行心理危机等级评估,然后采取针对性的疏导治疗。其次,高校心理健康教育中心、二级学院以及心理委员可以组成心理危机预防三级网络,由心理委员负责使用网络平台(QQ空间、微博、微信朋友圈)实时记录学生的心理状态和发生的影响心理状态的时间,建立心理健康状态数据库。二级学院和心理健康教育中心则负责每日查看数据,将其中可能出现心理危机的学生提取出来,施以教育帮助。

第二,搭建心理危机预防网络平台。高校可以给大学生提供心理咨询服务和专业心理测评网络平台,通过该平台,让大学生能自行根据自己的不良心理状态进行检测,并获得准确的心理测评指导和测量结果解析,从而让大学生自我发现并主动寻求心理帮助。平台监测人员也可以根据检测情况,对存在心理危机的学生提供帮助,建立大学生心理危机干预档案。此外,平台还需提供管理工具,以方便心理危机预防工作者使用网络系统工具准备教育材料,以及预先设置教学情境,更好地引导学生进行心理危机自主预防和教育学习。当然,学校也可以把学校的心理健康教育活动课上传到网络上,充分利用网络大量教育资源的优势,给予学生自主选择学习心理健康教育课程的权利,从而提升教育活动的交互性和积极性,把原本的教师主导教育的模式转变为师生互动学习沟通模式,让学生主动探究自身心理危机问题,并积极解决问题。

完善互联网大学生心理危机教育干预机制。随着互联网在大学生日常学习和生活中扮演的角色越来越重要,针对其对大学生造成的负面影响,高校应当立足于互联网这一平台阵地,抓好心理危机预防教育人才队伍建设、加大心理危机预防教育资金投入,构建心理危机干预联动网络,最终实现预防大学生心理危机发生的目的。

第一,加大心理危机预防教育资金投入。心理危机预防教育道阻且长,不是一蹴而就的任务,而是需要持续坚持和完善,并充分调动高校各部门教育积极性,以预防为主,多层次、全方面地建立起心理危机教育干预机制。当前,我国高校在心理危机预防健康教育方面的资金投入有所增加,但仍无法完全满足大学生的心理健康教育需求。因此,高校应当加大资金经费投入,以更好地完善心理危机干预和预防教育体制。

第二,构建心理危机干预联动网络。通过联动网络的构建,高校领导和相关部门可以实时掌握心理危机预防教育工作的开展情况和效果，并做出调整优化指导。此外，教师也可以根据网络排查，更好地了解学生心理状态，从而应用合适干预方法帮扶学生，减少心理危机不良事件发生的可能性。

第三，建设心理危机预防教育人才队伍。互联网背景下，高校心理危机预防教育人才队伍不仅要具有专业的心理学教育知识，还要能顺应时代发展趋势，时刻强化自身互联网意识和互联网能力，提升自身综合互联网信息素质。

总而言之，"互联网+"背景下，大学生心理危机预防教育是大学生心理健康教育重要的一部分，也是预防大学生心理危机，改善大学生心理状态，降低心理危机事件发生可能性的预防对策。就当前大学生"互联网+"背景下普遍存在的认知、情感、人际关系等方面的心理危机，高校应当加强互联网高校心理健康教育教学活动和宣传，建设互联网大学生心理危机教育预防系统，完善互联网大学生心理危机教育干预机制，来保护大学生身心健康。

第三节　自媒体时代大学生心理健康教育创新研究

随着智能手机的不断推广，移动互联网技术的迅速发展，自媒体在大学生日常生活中运用得越来越广泛，开始多角度多方面地影响大学生的学习、工作和生活，也成了高校教育研究不容忽视的因素。基于此，选择以大学生心理健康教育为切入点，结合自媒体的特点，分析自媒体如何对大学生心理健康教育产生影响。在此基础上探讨推进大学生心理健康教育工作的途径，思考在自媒体时代如何将心理健康教育进行创新，拓宽心理健康教育思路，构建更多的平台，更好地把大学生的心理健康教育落到实处。

随着近年来科技的发展，智能手机和平板电脑不断普及，使得大学生获取信息、知识的渠道有了很大的扩展。大学生获得资讯、与人交流等多种需求所借助的媒介逐渐被微博、QQ、微信及其他各种自媒体所替代，可以说在如今的大学生活中，无论是学习、工作还是生活都逃不开自媒体的使用，很大程度上自媒体也带来了更为丰富的信息，更为便捷的生活，大学生的社交和娱乐也很大程度上依赖自媒体的使用。作为高校心理健康教育工作者应该主动思考如何有效利用自媒体开展大学生的心理健康教育工作，应对大学生日常生活、学习中遇到的各类问题，更好地提升大学生心理健康教育水平。在自媒体时代的创新能力，很大程度上影响了大学生心理健康教育的深度、广度和效果。

一、自媒体时代的概念及特点

自媒体(We Media)与传统媒体不同,主要传播者是个人,是个人利用网络或是其他媒介向特定或是不特定的人群传播各种信息的一种新型媒体。通俗地说,自媒体就是一般个人通过网络途径,发表或是发布和自己相关或是自己亲身见闻的消息,通过这种方式,来传播自己的观点的一种媒体。自媒体的实质就是一个普通人依靠信息终端,如微博、微信、QQ等多种渠道将自己的所见所得公之于众,与外界相连接的工具。

在自媒体更多地参与人们的生活的同时,原本存在明显界限的"传播者"和"受众"也越来越融合,个人在信息传播中也有了多重角色的可能,在日常生活中可以轻易地成为主动的"传播者",也因为自媒体平台的发展,这一传播速度也比传统媒体时代快很多,便捷很多,人们已经越来越习惯在自媒体平台上发布自己的所见所闻、所思所感,因为在发布的同时,也能带来一定的交流可能性。

二、在校大学生自媒体使用现状

中国互联网络信息中心(CNNIC)在2017年1月份发布的第39次《中国互联网络发展状况统计报告》中指出,到2016年12月份,我们国家的上网人数已经达到7.31亿,互联网普及率已经超过50%,已经高出亚洲的平均水平7.6%,高出全球水平的3.1%。统计数据显示,2016年我们国家的新增上网人数4 299万人,与2015年相比,上升了6.2%,目前我们国家的上网人数已经赶上欧洲的总人口量。主要通过手机上网的网民已经将近7个亿,占据上网人数的90%,并且逐年呈现递增的趋势,笔记本电脑以及台式电脑上网的人数逐渐减少,手机已经成为主要的上网模式。因为最近几年来,移动端的上网技术不断发展和运用的逐渐普及,智能手机和平板电脑等移动设备已经进入大多数人的生活圈,作为自媒体中使用频率较多的社交软件,微信和微博已经成为我们日常生活中最不可缺少的交流工具。自媒体的时代已经到来了,如今当代的大学生对新生事物充满好奇,也具备自媒体使用的相关知识,自然而然地成为自媒体使用的生力军,自媒体也在大学生的日常学习工作和生活中起着越来越重要的作用。

三、自媒体时代对大学生心理健康的影响

在当前的大学校园生活中,微博、微信、贴吧、论坛、QQ等及时通信平台是自媒体传播的主要方式。自媒体一方面给大学生的心理健康带来积极的影响,另一方面也因为学生个人或其他原因造成一些大学生的心理问题。

自媒体创设了大学生表达自我，拓宽人际交往的平台。大学生处于特殊的心理发展阶段，对表达自我的需求、社交的需求、得到认可的需求都处于一个相对迫切的阶段，随着自我意识的不断增强，大学生个体有一定的社交需求，也需要在大学阶段培养自身的社交能力，而在校园的日常生活中，大学生进行面对面交流的人群受到范围和时间的限制，存在一定的局限性，自媒体平台拓宽了人际交往的平台，能够通过自媒体，将愿意公布于自媒体平台的活动、感想表达出来，对于大学生个体而言也是一种寻求交流的机会。

　　自媒体给大学生提供了缓解压力，寻找"心"能量的渠道。大学阶段是个体身心发展的重要阶段，在每个阶段面临不同的压力，有新生适应期的压力，有人际交往的压力，有学业困难的压力，也有实习就业期间遇到的压力，很多学生会在大学阶段遇到各种心理困惑，又由于大学生的心理成熟度较低，如果无法及时地将不合理情绪排解和宣泄，很容易造成个体的焦虑和抑郁情绪，这样对于他们的心理会有很大的影响。目前自媒体的发展速度非常快，个人移动多媒体终端也越来越普及，在日常工作学习生活中，大学生如果想要表达自己的观点，分享内心的想法和思考，或者是宣泄自己不管是好是坏的情绪时，只要通过自媒体的方式，将自己的想法或是心情表达出来，除了这种方法，大学生可以将关注点放到各种相对乐观、积极的以及专业支持的媒体，利用这些媒体提供的心理咨询或其他心理健康服务去补充个人心理健康的知识，合理调节自己的情绪，增强自身的心理健康意识，从而正确地去面对心理的压力，通过正确的方法去解决自身的压力。所以，现在的网络传媒平台中，已经出现越来越多的自媒体，既能满足大学生表达自我、寻求认同的需要，也可以让大学生较好地释放自身的压力以及调节自己的情绪。

　　自媒体容易造成大学生的手机依赖，进而带来睡眠障碍及其他心理问题。自媒体因其便捷的操作性、传播的时效性等特点飞速发展，但由于自媒体信息资源庞大，良莠不齐，各种APP的研发和使用已经渗透到大学生生活的方方面面，大量的资讯、生活的便捷、出行的网约交通工具等等，既方便了大学生的生活，也在很大程度上占用了大学生的时间，使得很多大学生在一定程度上存在手机依赖的现象，而手机依赖不仅严重影响学生的身体健康，也容易因为长时间地使用手机造成睡眠障碍和其他心理问题。在过往的研究中发现手机依赖是大学生睡眠状况差，心理出现问题的主要因素。大学生需要有较清晰的筛选标准，知道如何进行时间管理等自我管理，才能降低自媒体带来的不良影响。

四、自媒体时代大学生心理健康教育创新的意义

2016年8月,国家主席习近平对于全国的卫生以及健康工作做出了重要指示,认为心理健康问题需要及时解决,在此基础之上不断进行心理疾病以及心理健康的辅导,多多开展心理咨询以及心理治疗的健康服务工作。之后,习近平主席又提出需要将思想教育教学的工作深入高校的思想政治工作之中。现在的新媒体是一个大的发展趋势,习近平主席提出需要将新媒体运用到工作当中,将信息技术以及思想政治工作紧密地联合起来,跟上发展的趋势,加强时代感以及提高吸引力,要做到具体问题具体对待,跟上时代发展的步伐,根据时势不断创新。在自媒体时代,心理健康教育工作者要在日常实际工作中思考如何创新现有的工作模式,结合自媒体时代的特点进行创新和拓展,否则就很难将心理健康教育的作用发挥出来,落实下去。因此,我们需要在自媒体时代下,调整工作的角度,拓展自己的思路,对于大学生心理的健康教育需要从自媒体的角度重新看待,必须深刻地认识到自媒体对于大学生心理健康教育的重要意义。

搭建大学生心理健康教育工作新平台。目前,多数高校开设的心理健康课程主要是针对于大学生心理的健康问题,现在的高校校园里已经设立专门的心理健康中心面向学生开展心理普查、危机的预防、学生心理咨询服务,还包括学生的各种心理健康工作、校园的心理健康活动等,而在自媒体不断进入学生日常生活的现在,高校学生工作也已普遍进入自媒体时代,包括"易班"平台的推广,有越来越多的官方组织建立自媒体平台,大学生的心理健康教育工作也需要积极探寻新的平台,要充分利用自媒体开放、便捷、互动良好的特点,突破原有高校心理健康教育形式较为单一、互动性不够好、与学生生活存在一定距离、内容理论性较强等局限,搭建以自媒体平台为依托的心理健康教育平台,将心理健康教育融合到大学生的校园生活,做好心理健康知识的宣传普及,校园心理健康氛围的营造,将心理健康教育工作融入到学生四年大学生活的方方面面,拉近心理健康教育工作者与学生的距离,更好地形成大学生心理健康教育的工作体系。

掌握学生心理健康动态和特点的新途径。00后如今已开始进入大学校园,他们是新时代下成长的一代,他们大多数都已经接触或是正在接触互联网,多数人通过各种论坛、贴吧、微信或是微博进行社交,这些新兴的、便捷的自媒体平台是他们更为偏爱的方式和途径,在这些平台上,他们愿意自由地抒发情绪,也期望在这些平台上找到心理上的安慰。之前的高校心理健康辅导的体系还不是很完善,心理教师的水平参差不齐,并且对于心理健康教育工作的认识上还存在着很多不足,这样就让

从事心理健康教育的人士所了解的情况与学生真实的心理健康动态之间存在一定的距离，学生有时容易出现不愿意向心理学专业教师寻求帮助的误区，特别是涉及隐私或存在一定自卑意识的学生，甚至会出现主观上回避问题的行为，这都使得大学生的心理健康的动态和特点不能得到及时的掌握和运用，影响大学生心理健康教育工作的实效。而现在，自媒体的传播让从事心理健康教育的教师、高校的辅导员以及各个班级的心理委员以及宿舍的心理信息员，都可以根据自媒体平台上呈现出的信息，及时了解和掌握关于学生心理的情况，及时了解学生的心理健康动态，有针对性地跟进重点关注学生，也能运用大数据的思维，搜集整理并总结规律，结合工作实际，归纳大学生心理健康状况的动态和特点，分析出心理健康教育工作开展的方向和重点，切实做好心理健康教育工作。

　　提供大学生心理咨询、心理互助的新渠道。在传统的大学生心理健康服务体系中，专业心理咨询师提供的咨询一般为面对面的交流形式，然后，在心理咨询实践中会发现，有一部分有意愿来咨询的学生会因为存在对隐私性问题的顾虑等原因最终选择放弃咨询，在预约咨询后出现流失，而在咨询工作中也普遍存在较为被动等待学生来访的现象，或者是由辅导员劝导存在心理困惑需要咨询的学生前来咨询，在一定程度上影响大学生心理咨询的覆盖面和时效性。通过自媒体平台，可以拓宽心理咨询的渠道，心理咨询师、朋辈心理辅导员都可以方便地参与其中。这样的办法既可以使得心理健康的知识以及技巧得到有效的传播，也可以与同学们进行广泛的交流，包括心理上方方面面的问题，对于解决学生们的心理健康问题有很大的帮助，与同学们的交流方式还可以通过直接的线上交流，解除学生们心理上的障碍，帮助他们正确地面对生活和人生。自媒体的方式，一方面是用学生喜欢、习惯的方式拉近距离，另一方面也可以将一些问题解决在萌芽阶段。

五、自媒体时代大学生心理健康教育创新的途径

　　充分运用自媒体，传递正能量，营造和谐心理氛围。大学生处于价值观形成的重要时期，现如今的大学生心理健康教育，还是需要通过自媒体的方式，关注大学生心理健康的新趋势，一方面在自媒体平台上收集信息，充分利用大数据环境，对大学生使用自媒体的情况有所了解，并在此基础上进行一定的研究和探讨；另一方面又通过自媒体传播正能量，在实际工作中发挥自媒体平台优势，积极宣传心理健康知识，引导大学生树立正确的社会价值观，倡导大学生关注自身心理健康，积极寻求正能量的价值理念，在日常学习、工作和生活中营造良好的心理氛围，关注心理健康水平的"温度计"。

构建自媒体平台，拓宽心理健康教育渠道。与以前的大学生心理健康教育比较，自媒体有其优越性，心理健康教育工作者应顺应自媒体时代的趋势，建立心理健康教育的微信公众号，在公众号的运营中，发挥学生干部队伍的创造力，强化各级心理辅导站的作用，调动班级心理委员、宿舍心理信息员的积极性，在使用公众平台的基础上，发挥个人自媒体的灵活性，有意识地主动传播和普及心理健康知识，关注心理的校园氛围的营造，多渠道拓宽心理健康活动信息的发布平台，逐渐将心理健康教育工作落实到学生身边，从而更及时、全面地了解大学生心理健康的具体情况，将心理健康教育工作落到实处。

利用自媒体工具，建立心理健康教育的多级体系。在院、系等组织中，发挥自媒体的作用，保证心理健康教育体系的畅通，可以利用各大高校中的心理健康辅导中心，开展包括心理健康教育、心理社团服务等活动，以及开设院级的心理健康教育课，其中的专业骨干人员以及志愿服务的学生可以创建属于自己的微信公众号，建立心理健康的官方自媒体。使用创建出来的自媒体平台，可以进行内容的整合，信息的推送，编辑学生们感兴趣的心理健康内容定时地推送给学生。这样的方式不仅可以有效地宣传心理健康教育的知识，也可以让大学生在不断的实践中反省和提升自己。

第四节 互联网背景下心理健康教育课程新形态立体化教材的建设

教材作为课程的基础核心载体，教材质量直接关系到心理健康教育课程的质量与实效，进而影响大学生心理健康教育工作的质量。随着手机和网络的普及，互联网日益深入大学生的生活，传统的心理健康教育课程教材已不能适应当今大学生的心理健康教育需求。互联网在高校心理健康教育课程的教材编制及课堂教学中的应用既有挑战又有机遇。网络内容多元、信息更新迅速、传播形式多样，对教材价值引导、教材时效性和吸引度提出了新挑战。基于此，积极编制互联网环境下的教材，从教学目标、价值导向、教材内容、原则和形式上创新，更新教育理念，指引价值导向，突出高校特色，衔接技能体验，实现混合立体兼修的新形态立体化教材。

随着信息技术的发展，生活工作节奏不断加快，人们心理压力也不断增加，心理健康问题也越来越突出。2019年2月发布的中国首部心理健康蓝皮书《中国国民心理健康发展报告（2017—2018）》显示，我国不同人群的心理健康问题均呈增长趋势。作为国家发展的重要力量，大学生心理健康问题也一直是较热的话题之一。心理健康教育课程教学作为覆盖面最广的心理教育，在大学生心理素质培养工作中发挥关键作用。教材作为课程的基础核心载体，教材质量直接关系到心理健康教育课程的质量与实效，进而影响大学生心理健康教育工作质量。在2018年的全国教育工作会议上，教育部部长陈宝生详尽列举了十八大以来中国教育事业发展的成就，并指出了"教材建设"这一关键词，明确"课程教材是国家事权"。因此，如何提高心理健康教育课程教材的质量，是当代高校心理健康教育的现实需求，也是教育工作者面临的重要课题。

随着手机和网络的普及，互联网日益深入大学生的生活，给大学生心理健康教育教学带来了影响。传统课堂的课程教学以及相应的教材已不能适应当今大学生的心理健康教育需求。《高等学校学生心理健康教育指导纲要》（教党〔2018〕41号）明确要求科学规范教学内容，开发建设《大学生心理健康》等在线课程，创新心理健康教育教学手段，有效改进教学方法，通过线下线上、案例教学、体验活动、行为训练、心理情景剧等多种形式，激发大学生的学习兴趣。教材作为教学的基础和核心，不仅是教学理念、教学内容、教学方法和手段的重要载体，也是各院校推进教学改革的重点。本节将分析互联网在心理健康教育及教材编制中的挑战及机遇，并探索编写新时代心理健康教育课程新形态立体化教材。

一、挑战与机遇分析

互联网为课程教学和教材学习提供了便利，同时也给教材的编写和使用带来消极影响。互联网在高校心理健康教材建设中的有效应用需理清现状，明晰挑战，抓住机遇，进而创新心理健康教育内容和形式，有效改进教学方法和教学效果。

（一）网络内容丰富多元，需要权威渠道的价值引导

21世纪初的统计数据显示，每天有十亿信息单元的信息量产生，且每年以18%~20%递增率发展。这些信息可以增加大学生的心理知识，开阔视野，弥补教材字数的局限，然而网络信息传播迅速，内容良莠不齐。大学生正处于世界观、人生观、价值观形成的重要阶段，信仰标准和价值取向尚未定型，心理知识薄弱。然而由于互联网的开放性、网络信息的及时性和无选择性，大量鱼目混珠的有害信息进入大学生的视野，冲击其价值观，影响其心理健康。由于心理知识的有趣及神秘，心理类书籍以及心理类文章吸引了越来越多的学生。作为大学生接收心理健康知识最重要的渠道之一，在多元文化的网络时代，心理健康教育课程教材承担正确价值导向的重要责任。

（二）网络信息更新迅速，急需提升教材的时效性

随着互联网的发展，线上心理知识和信息更新迅速，这促进了电子媒介的发展，但现阶段纸质媒体仍占主流。调查结果显示，除了长期纸质教材的使用习惯，能够成为推广电子教材阻力的因素还有很多；其中84.62%的受访者对电子教材是否会对学习效率有所影响产生顾虑，认为电子教材会分散注意力，影响学习效率。当今时代网络技术高度发展，信息传播瞬息万变，然而传统的心理健康教育课程纸质版教材信息内容相对滞后，已无法满足当代大学生的学习需求和教学改革。如何让纸质版教材内容与时俱进，提高心理教材的实效性，这是急需解决的问题。

（三）网络传播形式多样，要求提高教材的吸引度

当今时代网络技术高度发展，互联网不仅为我们提供了海量的信息源，还通过文本、声音、动画、视频等吸引着大学生的眼球，以致一些学生网络成瘾。教材是学生获得知识的主要来源，它集中体现了教育思想和教育观念。但大学生对教材的利用率并不高，甚至有些学生不带课本进入课堂。那么如何做才能使教材内容、呈现形式、特色等吸引度得以提升，进而使学生更多地从教材中获取知识，系统地学习科学的心理健康知识和技能，这是心理健康教育中的重点。

二、立体化教材新探索

基于此，我们从知识—技能—认知新视角出发，依托现代教育技术，积极探索编制互联网环境下以能力培养为目标，以纸质教材为基础，从教学目标、价值导向、教材内容、原则和形式上探新，更新教育理念、指引价值导向、树立高校特色、衔接技能体验、实现混合立体兼修，以多媒介、多形态、多用途及多层次的教学资源和多种教学服务为内容的结构性配套教学的立体化教材。

（一）提升心理素质，更新教育理念

就服务对象而言，课本不仅是作为教材为教师提供教学参考，也应是学材，为学生提供学习指导。教是为了学生更好地学。《关于加强心理健康服务的指导意见》（国卫疾控发〔2016〕77号）倡导"每个人是自己心理健康第一责任人"的理念。作为教学的重要导向和载体，心理健康教材的编制应从学生出发，以提升其心理素质为目标，从知识—技能—认知层次目标出发，更新心理健康教育理念，综合现代互联网技术及纸质版教材的优势，增加学生经历内容及素质技能训练，探索合适现代大学生的教材内容和形式，将育人理念转化为学生的思想和行为。

（二）唯物心理合体，指引价值导向

一个人心理素质的形成和发展往往需要反复强化，从实践到认识才能形成自己的思想，然后再从认识到实践付诸行动，运用的正是辩证唯物主义方法。在复杂的互联网环境下，大学生的思想和价值观的形成及选择更需要唯物辩证法的辨别和吸收。而心理知识心理困惑就必须要心理理论和技能借助个体的心理活动的调节来完成。因此，以唯物辩证法为基线，将科学的实验研究和调查结果作为支撑内容，结合心理理论知识与技能训练内容，从而锻炼大学生的辩证思维，丰富大学生的心理素质内容，进而实现大学生身心全面发展。

（三）规划教材内容，树立高校特色

在互联网技术快速发展背景下，人人都可以是自媒体，人人都可以是网络信息发布者。而这些五花八门的信息对学生的认知力、人际关系、心理发展等各方面都会带来影响。心理课程教学始终要围绕学生心理发展特点来开展，教学内容更需满足学生的共同需求。传统的教材教学主题设置较为简单，内容过于理论化，案例取材也较为单一。因此，教材内容的科学性除了心理健康概述、人际交往、情绪管理、学习心理等主题，还需考虑教学内容是否与时俱进，是否符合高校特色，是否满足学生所需。新时代教材要借助网络，不定期收集学生需求，结合动态技术，增加流行现象及学生案例评析，让新形态教材的内容得以与时俱进，且具有高校人才培养特色。丰富教学内容、增强趣味性，提高学生自主阅读教材的积极性，实现教、学、练、做一体化，升级为更加包容开放的学习内容系统，匹配现代学生成长需求。

（四）明确教学原则，衔接技能体验

坚持理论教学与技能教学相结合、知识学习与体验学习相结合、线上线下与课堂课外相结合的原则，在引入经久不衰的主题和理论的基础上，每章节都相应加入体验式活动，如变化在哪里、我是谁、你演我猜、人际关系黄金法则等，调动音乐、绘画、舞动、团体心理游戏等多种形式，建设丰富多彩的体验式教学模式。在体验式教学中，学生与教师共同参与，构建教师与学生的学习共同体，在自由与开放的氛围中探讨交流，共同探求心理健康知识，现场进行技能训练，直接参与到课堂教学中，他们的直接经验将成为教学的重要内容；学生或独自体验技能训练，激发学生的学习兴趣，逐渐养成自主学习心理知识的习惯，进而学习心理技能，掌握调整心理状态的方法，加深学生对心理知识的学习及最新理论的运用。

（五）丰富教材形式，混合立体兼修

针对传统纸质教材内容封闭、修订周期长、展现的内容形式单一等问题，引入二维码技术，将纸质版的教材与丰富多彩的数字化多媒体资源结为一体。知识的传递不再只是单一的文字、图表，而是视、听、看、动、形等多种多样的方式。同时多媒体资源是动态的，可以实时更新，不仅保证了教材内容的实效性，也实现了增加知识传播形式的立体感，为学生带来了耳目一新的学习体验，进一步激发了学生的学习兴趣和学习动机。运用现代教育技术，在大学生心理健康教育课程纸质版教材基础上，随时通过二维码更新相应案例、配套课件、授课电子教案、微视频及慕课等。通过扫描二维码，学生一键就能实现无缝切换，将纸质教材实时切换到丰富多彩的数字资源，随时随地可以通过视频、音频、动画等方式，让学生不知不觉地沉浸在知识的海洋中，实现随时随地有效学习。除此之外，二维码教材在使用过程中，学生可以按需扫码，实现个性化学习。

第五节 "互联网+"背景下高校"边缘生"心理健康教育模式

大学生的"边缘群体"与"主流群体"区别开来，在高校中处于劣势，学校、家庭以及社会应该给予他们更多关注与重视。近年来，互联网的发展给高校"边缘生"心理健康教育工作带来机遇和挑战。"互联网+"背景下网络信息的复杂性和渗透性，决定了高校"边缘生"心理健康工作要利用好互联网优势，不断创新心理健康教育的思路和方式，从而促进我国高校"边缘生"心理健康教育健康发展。

随着社会经济快速发展，高校不断扩招，生源情况变得愈加复杂。在心理预期落差、学习成绩落差、家庭贫困和多元化价值观念冲击等因素的综合作用下，一些大学生逐渐被"边缘化"或主动"边缘化"。"边缘化"使大学生无法在课堂、学校乃至社会中感受到归属感或认同感，成就动机几乎为零。"边缘生"可能会对社交较为抵触，更倾向于一人独处，沉溺于游戏与网络世界，在虚拟世界里获得成就感与认同感，逐渐与真实世界脱节，甚至荒废学业与人生。

在"互联网+"的大背景下，传统心理健康教育工作受到了冲击，高校"边缘生"心理健康教育工作迎来了机遇与挑战。互联网为"边缘生"心理健康教育带来了新机遇，丰富了"边缘生"心理健康教育的形式与内容，有利于"边缘生"心理健康教育创新，促进"边缘生"的身心全面发展；同时"互联网+"背景下网络信息的复杂性和渗透性，决定了高校"边缘生"心理健康工作要走创新发展道路，结合时代特点，利用

时代优势,提升"边缘生"去边缘化的实效性。

一、"边缘群体"的概念界定

结合国内外文献观点,本节对大学生的"边缘群体"给出以下定义:在班级人际结构中处于较低层次,被集体拒斥或忽视,不容易被接纳的学生群体。与大多数学生相比,"边缘生"由于自身、家庭、学校、社会环境等多种原因,已经与"主流群体"分离开来,并且在获取信息、资源以及自身能力提升等方面处于劣势。

本节对"边缘生"的特点进行初步归纳:一是性格孤僻,自我封闭。有些是受家庭因素影响,成长经历使得他们性格过于内敛,拒绝向他人敞开心扉,慢慢变得过于孤僻;有些是因为学习困难,变得自卑敏感,减少与他人来往,将自己封闭起来;有些是因为在现实生活中成就感与获得感较低,对现实生活产生抵触情绪。二是意志薄弱或抗压能力较弱,处事容易极端偏执或极端。改革开放至今,社会经济快速发展,90后大学生处在一个更好的社会大环境以及家庭环境下,他们的人生道路上少有挫折。许多大学生缺乏坚韧不拔的意志与抗压能力,遇到挫折与磨难,心理容易处于亚健康状态,靠自身难以调节过来,没有正确的引导,很容易产生极端思想,选择极端行为来伤害自己或他人。三是行为上排斥他人。这一代大学生大多是独生子女,许多人从小在溺爱中长大,他们以自我为中心,很少考虑他人的感受。这种类型的大学生在学习和生活中与他人无法做到妥善交流,容易被孤立。

尽管上文对"边缘生"的基本特点进行了归纳,但在实际操作中,难以明确地将"边缘生"区分出来。另外,每个人的价值追求与性格特征会导致其有着不同于他人的成长轨迹,随意给学生贴上"边缘生"的标签,容易适得其反,轻则影响学生的多样性发展,重则伤害学生的自尊心。在对高校"边缘生"的成因、现状以及存在问题进行深入研究的基础上,保持时代性和预见性,规避心理健康教育工作中会遇到的困难,尽可能走出"边缘生"心理健康教育的困境。

二、""互联网+""给高校"边缘生"心理健康教育工作带来的机遇

提供了丰富的技术资源以及广阔的媒体平台。互联网的快速发展,为高校心理健康教育工作带来了更为丰富的技术资源,更为夯实的技术支持,同时也提供了一个更为广阔的媒体平台,以供高校心理健康教育工作进行形式创新,拉近与学生的距离,实现心贴心零距离交流。目前,许多高校不仅加强与完善校园网站建设,同时也从学校、学院、班级三个层面加强微博和微信群的建设。除此之外,高校也认识到

互联网与教育融合是个必然趋势，利用互联网传播的时效性、互动性、多样性等特点，为大学的心理健康教育打造一个在线教育平台，有效地为"边缘生"的心理健康资源提供丰富的内容和优质教育。"边缘生"不仅可以有选择地接收信息，还可以积极参与媒体信息的传播。同时，利用互联网信息传播的时效性和互动性，通过建立网络信息反馈平台，及时了解当前"边缘生"关注的热点问题，关注其心理和性格发展，积极主动地引导和干预舆论。

促进了"边缘生"心理健康教育形式与内容创新。以往，高校主要通过学校设立的大学生心理健康课程以及专职辅导员的日常管理，进行"边缘生"的心理健康教育，但存在着两个问题：一是传统心理健康教育课程内容更新较慢，形式变化较少，学生们认为课程中没有新鲜的知识，学习兴趣较低；二是专职辅导员所带学生一般在200人甚至300人以上，难以关注到每个学生，而且因精力有限，大多数辅导员对学生的关注点主要放在学生成绩与纪律上，容易忽略学生心理状况，特别是"边缘生"的精神状况和心理动态。而"互联网+"背景下的到来以及互联网技术的快速发展促进了传统的"边缘生"心理健康教育课程的创新。高校可以充分利用互联网资源，开展线上心理健康教育课程。互联网技术的快速发展还便捷了专职辅导员工作，现在不少高校引进了心理健康测评系统，可以将学生心理状况数据化直观化，引导并帮助辅导员将工作重心向学生心理健康教育工作以及"边缘生"身上进行部分转移。

三、高校"边缘生"心理健康教育面临的困境

缺乏系统化的理论支持。心理健康教育作为人类认识、改造自身和社会的一项社会实践活动，它在满足人类相关需要、实现人类相关目的方面起到积极作用。但随着我国国民经济和社会的发展，传统的课堂心理健康教育形式必然要发生变革，心理健康教育需要当代的理论支持。通过一系列会议的召开和文件的下发等举措，可以看出国家非常重视高校心理健康教育，但是相关的配套理论急需得到进一步的深化和发展，以满足我国当前"互联网+"大背景下的高校"边缘生"心理健康教育发展需求。

互联网对于"边缘生"的影响远大于理论研究人员的预期。以往，"边缘生"主要通过课堂接受心理健康教育，高校可以通过对课堂内容以及过程控制来把控"边缘生"心理健康教育的大方向。然而伴随""互联网+""的迅速发展，互联网的"虚拟环境"对"边缘生"心理健康教育产生巨大的冲击。"虚拟环境"中获得的信息良莠不齐，这些信息对"边缘生"的人生观、世界观和价值观带来巨大的冲击，特别是大学生"边缘群体"缺少关注与关怀，且缺乏一定的判断能力，很容易被网络上的多元化思想所

影响。因此,要充分运用互联网新技术激发"边缘生"心理健康教育工作的潜力,推动我国"边缘生"心理健康教育工作传统优势同信息技术的深度融合,增强时代感和吸引力。

四、"边缘生"心理健康教育的网络渠道

在"互联网+"背景下,高校心理健康教育的发展势必要顺应时代的趋势,把传统心理健康教育与互联网相结合,积极转变心理健康教育模式,通过互联网平台,将高校"边缘生"、学生家长以及高校三者之间连接起来并做到充分互动,全面提升高校"边缘生"心理健康教育的实效性。

心理健康互联网平台。移动"互联网+"背景下,高校可以利用校园生活信息系统、网站栏目、公众号等在线媒体平台去关注和收集大学生的生活圈,了解他们感兴趣的话题,内容上选取学生身边的事、学生关心的事;形式上发布学生感兴趣的、贴近学生实际、学生喜闻乐见的新闻和消息等,采取措施吸引"边缘生"浏览,鼓励他们参与,并与"边缘生"互动,通过沟通交流引导他们树立正确的世界观、人生观和价值观。

个性化网络心理测评系统。高校应该建立科学的大学生心理测评系统,从新生入学开始,给每名新生都建立一个单独的心理测评账户,全面收集学生的基本信息以及成长经历,了解学生心理状态与性格特征形成的背后原因。让学生定期在系统中做心理测验,比如SCL-90症状自评量表,关注学生的心理动态与情绪变化,并将"边缘生"的心理测验结果及时反馈给高校心理咨询工作人员和学生本人,学生可以根据自身情况自主选择系统中的心理咨询专职教师进行咨询,学校也可以根据学生心理状态,选择直接干预。

朋辈式心理健康微平台。朋辈交流对"边缘生"的影响是不容忽视的,高校应该鼓励学生主流群体通过QQ群、微信群、网络论坛、网络社区主动甄别"边缘生"的情绪状态,积极与其互动,认真聆听他们的倾诉,同时换位思考,设身处地地为"边缘生"着想,帮助他们走出边缘处境,同时将此形成机制,进行有效的监管和督促。另外,在校园里,有着很多"微领袖",他们可能是班委、寝室长,也可能是院校社团成员,他们具有一定的号召力和影响力,是朋辈心理健康微平台的中坚力量,充分调动他们的积极性,发挥朋辈影响与朋辈认同的作用,进行朋辈式心理健康教育。

线上心理健康教育平台。通过线上心理健康教育课堂,结合自媒体网络终端,丰富心理健康教育内容,辅助线下教学,通过线上"学生自评和互评"增强课堂教学互动。此外,每个人都有单独的账号,对情绪指数、压力指数、学业指数和成长指数等

增长数据进行个人化、全面化的收集和分析,监测其心理变化的全过程。利用大数据及时定位"边缘生",有针对性地与他们互动,以其个人的体验提供个性化心理健康服务,更有助于开展精准化、针对性、个性化的"边缘生"心理健康教育。

"学校—家庭"心理健康网络平台。家长对子女的性格特征、成长经历、情感波动等是最为了解的。家庭教育的作用与地位是不容忽视的,高校应该将学校教育与家庭教育充分融合互动,共同发现"边缘生"的问题成因,从根本上解决问题,帮助"边缘生"去边缘化。另外,家庭对学生成长以及三观形成的影响是最为深远的,高校可以建立家长 QQ 群、微信群、家庭—学校公众平台等,可以给家长普及大学生心理健康教育的相关知识,引导家长重视大学生心理健康,关注子女的情感波动以及心理状况。

总之,高校管理部门、高等学校、高校心理健康教育教师等都必须紧跟互联网发展的脉搏,积极向国内外的先进心理健康教育方式学习,不断创新心理健康教育的思路和方式,充分研究当前高校所面对的复杂环境,有针对性地提出解决策略和办法,才能从根本上把握"边缘生"心理健康工作的主动权,更好地为高校"边缘生"心理健康教育出谋划策,促进我国高校心理健康教育事业的健康发展。

第六节 "互联网+"背景下贫困大学生心理问题分析与教育

当今大学生是"互联网+"背景下原住民,而身居在"互联网+"背景下的贫困大学生受到社会文化之中不良因素以及消极事件影响造成惨痛后果的案例时有发生。"互联网+"背景下贫困大学生的心理健康问题疏导与干预工作,已成为大学生心理健康教育工作者与大学生思想政治教育工作者的主要工作内容之一,为了增强"互联网+"背景下贫困大学生心理健康教育的育人效果,高校相关方面应采取相关应对措施,重视相关教育资源整合,提升贫困大学生心理健康素质水平,完善个人性格与操守,更好完成大学学业生活。

大学学习是人生之中较为重要阶段,大学时期也是大学生习得心理知识与专业技能的重要时期。而身居"互联网+"背景下的贫困大学生却因身处寒门,缺失对于生活贫困的正确理解,容易产生自卑情绪、焦虑情绪和抑郁情绪,在特定情境之下个别贫困大学生由于负面情绪无法正常排解与发泄,容易引发自杀自残的悲惨后果。

贫困大学生与普通家境大学生性格与情绪具有趋同方面,他们普遍表现为:

面对纷繁复杂的网络信息,具有较为明确的辨析能力,面对人际关系问题能够较为妥善地解决。但是贫困大学生与普通家境大学生在性格与情绪方面也存在着差异：

面对学业压力与生活压力表现为挫败感较强，焦虑感突出，个别贫困大学生罹患心理方面疾病的可能性较大。

"互联网+"背景下贫困大学生心理健康教育工作已成为高校大学生心理健康教育工作者与大学生思想政治教育工作者处置日常工作之中的重点与难点，本节就"互联网+"背景下贫困大学生心理健康问题进行分析，提供若干教育对策，希望能够对于高校大学生心理健康教育工作者与大学生思想政治教育工作者的相关工作，提供参考与借鉴。

一、"互联网+"背景下贫困大学生心理问题表现

（一）因贫困而形成较强的自卑感

自卑感表现较强可能是身处"互联网+"背景下贫困大学生最为突出的心理情绪表征。贫困大学生身处贫困境遇之下求学与升学；他们家庭状况基本处于贫困线之下，他们生活方式、行为习惯、家庭氛围与其他普通家境大学生相关状况存在较为明显的差别；致使贫困大学生存在较强的自卑感。部分贫困大学生常常在个人博客、微信朋友圈、QQ空间发表较为消极负面的言辞，从中可以得知他们内心世界是较为自卑、孤僻与敏感的。

在这种心理状态下，会出现三种不同的心理与行为表征：

第一，贫困大学生通过刻苦学习，以良好的成绩补偿因家庭贫困造成心理自卑感，而这种刻苦学习过程之中，由于需要求助他人，解答相关课业问题，因他人偶然之间几句无心之言可能涉及贫困大学生个人家境或者个人处境，造成个别贫困大学生心理自卑的情绪增多，可能致使个人性格孤僻多疑以及个人远离群体状况发生。

第二，在"互联网+"背景下，网购是大学生购物的主要途径之一，而身居寝室的贫困大学生势必与他人若有似无地进行物质攀比，由于身处贫困家境，致使贫困大学生可能形成较强的无助感与自卑感。

第三，极个别贫困大学生在入学之前就由于个别事件而心理自卑感较强，加之身处"互联网+"背景下，各种不良信息充斥在手机终端与电脑终端，贫困大学生受此影响而加重自身自卑感，可能产生仇视、悲观和厌世的情绪，在心理极其脆弱的情况下，极有可能利用极端方式对待自己和他人。

（二）因贫困而产生较强的挫败感

身处"互联网+"背景下，每个人在互联网之中具有话语权，而贫困大学生由于出身贫困家庭，自卑情绪较强，又渴望在互联网之中赢得自主话语权，他们进行网络人际交往过程之中，会较为敏感过滤他人对自身发表相关内容的评判信息。他们希望自己的话语权能够出现在各种贴吧、QQ群、博客评论区、微信公众账号留言区，但他们却因担心家庭贫困，网友过度地解读自己言行，暴露自身出身寒门这一现实情况，进而造成自尊心受损。因此，现实生活之中受困于负面情绪与自卑情绪，可能因为琐事致使室友关系紧张，学习方法不适致使学习成绩下降，学业出现警告、降级处理甚至勒令退学若干状况发生。长期挫败情绪累积，个人心理健康状态堪忧，自身陷入敏感多疑情绪之中难以自拔，容易出现行为失控，造成无法挽回的局面。

（三）因贫困而诱发焦虑感

"互联网+"背景下的贫困大学生基本都有移动网络终端设备，他们可能在网络之中了解诸多寒门学子通过自身努力学习改变命运的事迹，并以此鼓励自己克服现实生活和学习之中的重重困难，积极向寒门学子榜样学习。

但是，贫困大学生往往承载着全家人改变命运与生活状况的希望，贫困大学生会给自己设定较高的学习目标与课业任务，他们由于个别科目没有取得理想成绩而造成个人负面情绪加重，焦虑感表现明显。究其原因：一是较为拮据，生活费用难以满足个人生活支出；二是疲于维持个人生计而到处奔波寻找打工机会。

从而可知，贫困大学生不但要与普通家境大学生学业角力，还要维持正常生活用度。

长此以往，他们可能处于焦虑情绪之中，难以采取合适方式疏解，进而个人学习效率降低、个人挂科数目增多、学业指标难以完成若干情况常常出现。时常网络冲浪过程之中，贫困大学生在不良信息诱导之下，个人出现偏激行为的可能性就会大大增加。

二、互联网背景下贫困大学生心理障碍成因

（一）对于贫困认知教育缺失

在"互联网+"背景下普通大学生基本都来自一、二线大型城市，他们接受新鲜事物的能力较快，对于陌生环境的适应能力较强，究其原因就是个人各项能力形成与学校教授学生相关人文、素质、品行教育息息相关。而互联网的发展却是从一二线城市向三、四线城市推进，一、二线城市的小学至高中的学校由于具有较好的网络教育资

源，可以更好教授学生相关知识，使学生习得个人素质养成教育的相关课程。然而，贫困大学生基本来自偏远县城或者贫困乡镇，由于当地对于贫困认知教育缺失，学校相关网络教育资源落后，对于贫困大学生德育教育与个人素养教育可能受到制约；加之较为偏远的县城与乡镇比较重视应试教育，忽视贫困大学生全面素质提升的重要性，致使贫困大学生的人文素养教育与思想政治教育出现"偏科"，极有可能造成贫困大学生"心理贫困"现象。

（二）网络时代消费理念及方式的不良影响

社会主义市场经济蓬勃发展，助推高校能够实现教育资源整合与重置。但是，高校已然不是社会人们眼中的象牙塔。网上购物、网上直播、网上订餐等若干互联网消费形式，不断冲击着大学生的视野，大学生乐于接受方便快捷的网络服务，日常网络消费能够接受。贫困大学生面对寝室他人的各种网络消费，却显得囊中羞涩，逐渐形成自卑、敏感、焦虑的心理状况。同时，攀比心理也给他们带来沉重的生活负担，增添更多心理压力，加之自身设定学业指标不断提高，诸多原因极有可能引发心理扭曲与心理病态。

（三）网络文化的不良因素刺激

随着改革开放不断深入，网络文化之中充斥着诸多不良因素，致使贫困大学生形成不健康、不积极、不正面的世界观、人生观和价值观，加之现实社会文化之中的拜金主义若有抬头之势，助推贫困大学生对于个人金钱观、是非观、道德观的认知出现偏差。贫困大学生身处"互联网+"背景下，网络文化的不良因素被别有用心的人进行包装、夸大和宣传，使其贫困大学生更加注重物质利益，渴望拥有社会地位与物质财富。长此以往，贫困大学生极有可能心理失衡，心理负面情绪难以发泄，一旦被他人因其个人贫困状况所戏弄、讥笑和嘲讽，就会产生强烈的焦虑感与自卑感，更为甚者会采用极端方式报复和伤害他人，类似案例时常见诸纸质报端和电视媒体。

（四）原生家庭及自身因素的影响

贫困大学生原生家庭父母学历普遍较低，家庭人口较多，对于贫困学生教育与管理相对不足，彼此之间缺少有效沟通，影响贫困大学生形成良好世界观、高尚人生观以及正确价值观；贫困大学生原生家庭重视劳动生产，外出务工、种地种粮、喂养牲畜，解决现实生存问题，忽视贫困大学生日常不良情绪疏导与强化自身抗挫能力。加之，贫困大学生自身性格较为内向，羞于表达内心压抑、情绪焦虑、性格自卑，对待每月钱物支出比较在意，过多或者过高消费支出就会致使心理压力过大或者心理负担过重，又要急于摆脱贫困枷锁，容易遭遇不怀好意之人的引诱，本身对于相关法律了解不够，误入传销组织或者其他不法组织，极易触犯国家法律法规，受到法律严惩。

三、"互联网+"背景下贫困大学生的心理健康教育对策

（一）促进贫困大学生正确认识贫困并培养健康人格

"互联网+"背景下，作为大学生思政教育工作者与大学生心理健康教育工作者应该善于利用网络作为媒介更好地培育贫困大学生健康人格与积极情绪。人格是人类各类心理特征的集合，健康的人格是良好心理状态的重要源泉之一。人类的人格是具有可塑性与养成性的，健康人格是可以通过教育手段进行相关引导和培育的，一旦养成良好的人格就具有稳定性、持久性和常态性，会使人类由于具有良好的人格进而形成较好的行为操守，并在社会的人际交往中受益较长时间。作为高等院校大学生思想政治教育工作者和大学生心理健康教育工作者应该与时俱进，利用网络媒介，通过微信公众平台、心理驿站、QQ群、贴吧等网络途径，实时动态掌握贫困大学生的心理状况与心理状态，通过线上线下心理健康教育手段，帮助贫困大学生正视现实生活、正视自身学业情况、正视自身人格特征，参与各类相关心理教育课程与实践活动，完善个人性格，提升个人素质，强化个人抗压能力，使其人格中的善良、坚强、果敢等正面因素更加发挥作用。与此同时，作为高等院校大学生思想政治教育工作者和大学生心理健康教育工作者更要善于疏导贫困大学生消极情绪，通过网络会客室、个人网络咨询、线下互动、积极心理学网络课程以及相关个人消极情绪案例解析，引导贫困大学生个人消极情绪得以排解与消除，帮助贫困大学生正确疏导个人情绪，精准表达个人情绪，以积极健康的心态直面困境，鼓励贫困大学生真正运用积极心理学的相关知识，调整个人情绪，指导个人行为，从容面对学业与生活的挑战。

（二）建立贫困大学生身心状况电子档案

"互联网+"背景下，作为高等院校大学生思想政治教育工作者和大学生心理健康教育工作者，不仅要建立贫困大学生个人家庭状况以及心理状况的纸质档案，更要利用互联网作为信息媒介，建立贫困大学生身心状况电子档案，从而确保高等院校大学生思想政治教育工作者和大学生心理健康教育工作者能够从多个维度观察、帮助和培育贫困大学生形成积极的心理状态和良好的个人行为。诸多高校为贫困大学生都已建档立卡，所谓的贫困大学生建档立卡只是根据家庭收入情况和低保等相关证明手续，建立贫困大学生帮扶支助数据库，每年定期发放国家和学校的相关奖助学金。而对于贫困大学生心理帮扶却只是在学校大学生心理健康中心建立个人咨询与个人状

况纸质档案，二者之间没有直接联系，致使高校普通心理咨询老师难以根据贫困大学生心理突发状况推断是否由于家庭贫困情况、家庭收入状况、家庭人员变故等相关情况产生的应激心理反应。在"互联网+"背景下，作为高等院校大学生思想政治教育工作者和大学生心理健康教育工作者，处理贫困大学生心理健康问题，应该及时查看贫困大学生身心状况电子档案，进而全方位、多维度、立体化地分析贫困大学生产生心理问题的缘由，更加准确判断贫困大学生出现心理健康问题的心理特征与行为表征，为下一步对贫困大学生心理健康问题做出相关干预治疗或者转诊送医，提供更加专业的判断说明与判断依据。

在"互联网+"背景下，建立贫困大学生身心状况电子档案，不但能够全面了解贫困大学生身心健康状况，对于培育贫困大学生健康人格与积极情绪也具有事半功倍的作用。

（三）加强对于贫困大学生心理辅导的针对性

"互联网+"背景下，尽管线下贫困大学生个别心理辅导较为重要，但是线上的咨询服务也起到不可小觑的作用。由于贫困大学生心理自卑感较强，即使遇到心理情绪波动状况，也难以真正向陌生人进行倾诉与排解负面情绪，长期的负面情绪难以排解导致心理负担过重，产生抑郁和自闭倾向，更为甚者可能造成抑郁病症或者自残自杀的严重后果。作为高等院校大学生思想政治教育工作者和大学生心理健康教育工作者，我们要善于利用网络作为了解贫困大学生心理健康状况的媒介平台，利用网络平台的私密性、便捷性和实时性，动态关注部分处于心理抑郁或者自闭倾向较强的贫困大学生，通过一对一的线上个别沟通，利用情绪疏导法、认知调整法、个性行为指导法等方式方法，实时帮助他们调整个人心理状态，缓解自卑心理或抑郁心理造成的心理压力，从而更好地应对自身心理状况，处理相关情绪问题，保证个人身心健康，顺利完成学业。

"互联网+"背景下的贫困大学生心理健康教育问题，需要多方加以关注。高等院校大学生思想政治教育工作者和大学生心理健康教育工作者通过网络媒介平台，能够更加便捷实时了解贫困大学生心理状况，提供更加具有针对性的相应解决方式与处置对策，帮助贫困大学生身心得以放松，更好地适应学业与生活状况，积极学习相关专业知识与心理健康知识，为日后走向社会打下坚实的个人素养与专业学识基础。

参考文献

[1] 余国良. 大学生心理健康[M]. 北京：北京师范大学出版社，2018.

[2] 李国毅. 大学生心理健康教育[M]. 北京：国家行政学院出版社，2019.

[3] 孙霞，郝明亮，寇延. 大学生心理健康教育（师范版）[M]. 大连：中国海洋大学出版社，2019.

[4] 胡盛华，杨铖. 现代大学生心理健康教程[M]. 吉林：吉林大学出版社，2014.

[5] 李梅，黄丽. 大学生心理健康十二讲[M]. 北京：北京师范大学出版社，2012.

[6] 邓志军. 大学生心理健康教育[M]. 北京：北京理工大学出版社，2010.

[7] 黄希庭. 大学生心理健康[M]. 上海：华东师范大学出版社，2004

[8] 叶星，毛淑芳. 大学生心理健康指导[M]. 北京：高等教育出版社，2017.

[9] 陈娟，龚燕. 大学生心理健康：体验与训练[M]. 重庆：重庆大学出版社，2017.

[10] 瞿珍. 大学生心理健康[M]. 上海：华东理工大学出版社，2018.

[11] 马斯洛. 马斯洛人本主义哲学[M]. 成明编译. 北京：九州出版社，2003.

[12] 孙霞、寇延. 自助与成长——大学生心理健康教育（师范版）[M]. 大连：中国海洋大学出版社，2018.

[13] 阳志平. 积极心理学团体活动课操作指南[M]. 北京：机械工业出版社，2009.

[14] 冉龙彪. 大学生心理健康[M]. 北京：人民出版社，2019.

[15] 肖红. 高校大学生求职择业心理困扰及其调适[J]. 高教高职研究. 2007（11）：176-177.

[16] 马晓慧，岑瑞庆，余媚. 大学生网恋的心理成因及干预措施[J]. 校园心理，2011(6)：414-415.

[17] 尹怀玉. 马斯洛需要层次理论对大学生心理健康工作的启示[J]. 知识经济，2013(9)：164-164.

[18]卓然.大学生职业生涯规划中的心理问题及对策分析[J].德育与心理.2016(29):69-72.

[19]陈京明.当代成人大学生自我实现路径探析[J].中国成人教育,2016(14):24-26.

[20]李明.当代大学生自我意识发展的特点及其调控[J].牡丹江教育学院学报,2015(11):68-69.

[21]胡凯.大学生网络心理健康的标准[J].思想政治教育研究,2012(03):133-135.

[22]唐嵩潇.谈抑郁症的心理干预方法[J].吉林化工学院学报,2017(12):75-77.

[23]吴玉伟.大学生健全人格的标准探索[J].社会心理科学,2012(6):9-12.

[24]姚振.新时期大学生心理健康标准整合的探索性研究[J].高教学刊,2017(5):176-177.

[25]文娟.高校大学生心理健康现状及对策研究[J].智库时代,2020(05):114-115.

[26]何安明,惠秋平.大学生手机依赖与生活满意度的交叉滞后分析[J].中国临床心理学杂志,2019(6):1260-1263.

[27]魏杰.新时期大学生心理健康标准整合的探索性研究[D].南京大学,2013.

[28]王飞飞.大学生情绪管理能力与心理健康的关系研究[D].重庆:西南大学,2006.

[29]王玉娇.农村初中生人际关系对心理健康影响的实证研究[D].宁夏:宁夏大学,2014.

[30]祖静,封孟君,郝爽,但菲.手机依赖大学生抑制控制特点及与渴求感的关系[J/OL].中国学校卫生:2020-01-03/2020-03-08.

[31]唐崇潇.谈抑郁症的心理干预方法[J].吉林化工学院学报,2017(12):75-77.